INSTRUCTIONS ÉLÉMENTAIRES

SUR LES

ACTES DE L'ÉTAT CIVIL,

A L'USAGE

des Écoles normales primaires

ET DES SECRÉTAIRES DES MAIRIES;

PAR M. CLAPARÈDE,

Avocat-général à la Cour Royale de Montpellier, Président de la Commission
de surveillance de l'École normale primaire de l'Hérault.

A PARIS,
Chez L. HACHETTE, libraire de l'Université, rue Pierre-Sarrazin, 12.
A MONTPELLIER,
Chez SEVALLE, libraire, rue du Gouvernement.

1837.

31403

INSTRUCTIONS ÉLÉMENTAIRES

SUR LES

ACTES DE L'ÉTAT CIVIL.

Montpellier. Imprimerie de Boбнм et C°, et Lithographie,
boulevard Jeu-de-Paume.

INSTRUCTIONS ÉLÉMENTAIRES

SUR LES

ACTES DE L'ÉTAT CIVIL,

A L'USAGE

des Écoles normales primaires

ET DES SECRÉTAIRES DES MAIRIES;

PAR M. CLAPARÈDE,

Avocat-général à la Cour Royale de Montpellier, Président de la Commission
de surveillance de l'École normale primaire de l'Hérault.

A PARIS,
CHEZ L. HACHETTE, libraire de l'Université, rue Pierre-Sarrazin, 12.
A MONTPELLIER,
CHEZ SEVALLE, libraire, rue du Gouvernement.

1837.

AVERTISSEMENT.

Ceci n'est ni un traité, ni un commentaire sur les Actes de l'état civil. C'est un simple recueil de préceptes, dégagés de toute espèce de raisonnement, et extraits des lois, ordonnances, décrets, avis du Conseil d'État et décisions ministérielles, qui régissent cette matière.

La méthode que j'ai suivie et la forme de ces instructions s'expliquent par leur destination spéciale. Toutes ces divisions, ces distinctions, ces détails minutieux, ces répétitions fréquentes des mêmes préceptes, superflues pour quiconque est familiarisé avec l'étude des lois, sont nécessaires quand on s'adresse à des personnes dépourvues de toute connaissance préliminaire du droit et de sa langue. Une analyse raisonnée des dispositions de la loi ne serait pas toujours à leur portée, et l'on s'exposerait à ne leur donner que des notions incomplètes et confuses, si l'on se bornait à leur retracer des principes généraux, d'où ils ne sauraient pas toujours déduire avec justesse les règles spéciales de chaque cas particulier.

J'ai voulu leur présenter ces règles spéciales, toutes déduites, et appliquées espèce par espèce, acte par acte. C'est un genre de travail long, aride, essentiellement monotone et fastidieux; mais c'est, je crois, le seul qui convienne à un enseignement élémentaire et pratique.

A la suite de chaque précepte, j'indique la loi, le décret, l'ordonnance, la décision ministérielle d'où je l'ai extrait. Il est bon que les élèves puissent y recourir au besoin; qu'ils s'accoutument à lire dans les codes; qu'ils voient comment une seule disposition peut devenir féconde et variée dans l'application.

Enfin, je me suis attaché à rendre le sens de la loi, plutôt qu'à reproduire littéralement ses expressions.

J'ai évité, autant que je l'ai pu, les termes de pratique, et quand j'ai rencontré des mots consacrés, j'en ai donné la définition. J'ai pareillement défini, chemin faisant, quelques actes et quelques faits juridiques dont j'avais à parler. Ces définitions ne sont pas toujours parfaitement complètes ; mais elles suffisent pour donner une idée générale de l'objet défini.

Si l'on trouvait quelques observations trop minutieuses et peut-être puériles, je dirais qu'il n'est rien de si simple ni de si clair qui ne devienne, pour certains fonctionnaires inférieurs, la matière d'un doute ou d'une difficulté ; et j'en appellerais à l'expérience de tous les magistrats qui ont eu à surveiller la tenue des Actes de l'état civil. Ils savent que, pour être bien compris de tout le monde, il faut descendre patiemment aux plus petits détails et insister à satiété sur les notions les plus élémentaires et les plus communes.

Ces instructions sont suivies de quelques modèles. Peut-être vaudrait-il mieux qu'après avoir enseigné tout ce que doivent contenir les actes, on exerçât les élèves à trouver d'eux-mêmes le meilleur mode de rédaction. Mais il leur faudrait des maîtres qui eussent l'habitude de ces sortes de travaux ; il leur faudrait aussi plus de temps que les règlemens n'en accordent à cette partie du cours normal. D'ailleurs ces exercices préparatoires manqueraient aux secrétaires des mairies, qui ne seraient pas sortis des écoles normales ; et mon travail est fait pour eux, aussi bien que pour les élèves de ces écoles. C'est ce qui m'a décidé à me conformer à l'usage généralement adopté dans ces sortes d'ouvrages. Je m'en suis éloigné seulement, quant à la forme des modèles, ainsi que je l'explique dans les observations qui les précèdent.

DIVISION GÉNÉRALE DES MATIÈRES.

Explication

DES ABRÉVIATIONS ET DES RENVOIS.

An. ou *Anal.* de . . . . signifie Analogie de....
Arg. ou *Argum.* de . . . . . — Argument de....
Arr. . . . . — Arrêté du Gouvernement.
Art. . . . . — Article.
Av. ou *Avis du Cons. d'Ét.* . . — Avis du Conseil d'État.
Cass. . . . . — Cassation.
Cir. ou *Circ.* . . . . — Circulaire.
Circ. min. . . . . — Circulaire ministérielle.
C. . . . . — Code.
C. c. . . . . — Code civil.
C. de P. ou *de Pr.* . . . . — Code de procédure civile.
C. d'inst. . . . . — Code d'instruction crimi-
                                                  nelle.
C. P. ou *Pén.* . . . . — Code pénal.
Cons. ou *Conséq.* de . . . . . — Conséquence de....
Décis. . . . . — Décision.
Déc. ou *Décr.* . . . . — Décret.
Ind. . . . . — Induction.
Inst. ou *Instr.* . . . . — Instruction.
Inst. min. . . . . — Instruction ministérielle.
Int. ou *Interp.* . . . . — Interprétation.
Just. . . . . — Justice.
Min. ou *Minist.* . . . . — Ministre *ou* Ministériel.
Ord. . . . . — Ordonnance.
Part. . . . . — Particulier *ou* particulière.
Sect. . . . . — Section.
Tit. . . . . — Titre.

Nota. Les numéros mis en parenthèse ou à la suite d'un article, sans autre indication, sont des renvois à d'autres articles de l'ouvrage.

INSTRUCTIONS

ÉLÉMENTAIRES

SUR

LES ACTES DE L'ÉTAT CIVIL.

—⧓—

Notions Préliminaires.

———

1. On appelle actes de l'état civil, des procès-verbaux destinés à constater l'existence, l'origine, la parenté, les alliances et la mort des citoyens.

Un procès-verbal est un acte dans lequel un fonctionnaire public consigne les faits qu'il est chargé de constater et les déclarations qu'il est chargé de recevoir.

2. Il y a trois espèces principales d'actes de l'état civil, savoir : les actes de naissance, les actes de mariage et les actes de décès. Il faut y joindre, comme accessoires, les reconnaissances et les légitimations d'enfans naturels, les adoptions et les publications de mariage.

1

3. Les actes sont *reçus* dans chaque commune par les Maires et les Adjoints, auxquels on donne, à raison de cette partie de leurs fonctions, la qualification d'*Officiers de l'état civil*. (*Loi du 20 septembre 1792, art. 1 et 4. — Décret du 19 vend. an IV, tit. 2, art. 12. — Loi du 28 pluv. an VIII, art. 15 et 16.*)

4. *Recevoir* un acte, c'est recevoir les déclarations, remplir les formalités, constater les faits qui y sont relatifs, et le signer.

Ainsi, lorsqu'on dit qu'un fonctionnaire public *reçoit* un acte, cela ne veut pas dire qu'il le rédige et le transcrit *matériellement*, mais qu'il lui donne le caractère d'authenticité par son intervention et sa signature.

5. Dans ce sens, les secrétaires ou commis des mairies n'ont pas qualité pour *recevoir* les actes de l'état civil. Ils ne peuvent ni les signer, ni recevoir les déclarations, remplir les formalités, ou constater les faits qui y sont relatifs. Leurs fonctions se bornent à les rédiger, à les inscrire sur les registres, à en faire les expéditions, copies ou extraits, à les soumettre à la signature du Maire ou de l'Adjoint, et à veiller à tout ce qui concerne la tenue matérielle et la conservation des registres. (*Avis du Conseil d'État, du 2 juillet 1807.*)

6. Il n'est rien dû aux officiers de l'état civil, ni aux secrétaires ou commis des mairies, pour la confection des actes, ni pour leur inscription sur les registres, sauf ce qui sera dit pour la délivrance des expéditions ou extraits. (*Décret du 12 juillet 1807, art. 4.*). — Voy. n° 476.

PREMIÈRE PARTIE.

DES REGISTRES.

—

CHAPITRE PREMIER.

Du nombre et de la destination des Registres.

—

7. Les actes de l'état civil sont inscrits sur des registres spécialement consacrés à cet usage dans chaque commune. (*Art.* 40 *C. c.* — *Loi du* 20 *septembre* 1792, *art.* 1er, *tit.* 2.)

Il est interdit de les inscrire sur des feuilles volantes, sous peine d'un emprisonnement d'un mois à trois mois et d'une amende de 16 fr. à 200 fr. (*Art.* 52 *C. c.* ; 192 *C. p.*)

8. Les registres sont renouvelés chaque année et ne peuvent contenir que les actes d'une seule année, comme d'une seule commune. (*Art.* 43 *C. c.*)

9. Il doit y avoir quatre espèces particulières de registres :

1° Pour les actes de naissance, de reconnaissance d'enfans naturels et d'adoption ;

2° Pour les actes de publication de mariage ;

3° Pour les actes de mariage ;

4° Pour les actes de décès. (*Art.* 40, *C. c.* — *Loi du* 20 *septembre* 1792, *tit.* 2, *art.* 1er) (1).

10. Les registres des naissances, des mariages et des décès doivent être *doubles,* c'est-à-dire qu'il doit y avoir deux exemplaires *pareils* de chacun d'eux. (*Art.* 40, *C. c.* — *Loi du* 20 *septembre* 1792, *tit.* 2, *art* 2.)

Le registre des publications de mariage doit être en un seul exemplaire. (*Art.* 40, *C. c.* — *Loi du* 20 *septembre* 1792, *tit.* 4, *sect.* 2, *art.* 4.)

Ainsi, dans toute commune il doit y avoir, pour les actes de l'état civil, *sept* registres spéciaux, savoir :

Deux pour les naissances, les reconnaissances d'enfans naturels et les adoptions ;

Un pour les publications de mariage ;

Deux pour les mariages ;

Deux pour les décès.

CHAPITRE II.

Forme et tenue générale des Registres.

—

Timbre.

11. Chaque exemplaire des registres est formé par des feuilles de papier timbré, dont la dimension ordinaire est celle qu'on appelle grand papier et qui coûte 1 fr.

---

(1) Il n'y aurait aucune irrégularité à ce que tous les actes, quels qu'ils soient, fussent inscrits sur un seul registre. Mais ce mode de procéder tend à jeter une grande confusion dans les actes, et à rendre les recherches extrêmement difficiles. Il ne serait tolérable que dans de très-petites communes. Depuis long-temps il a été abandonné, et les instructions ministérielles ont recommandé la tenue des quatre espèces différentes de registres.

50 c. la feuille. (*Loi du 20 septembre* 1792, *tit.* 2, *art.* 2.
—*Loi du* 13 *brumaire an VII, art.* 1 *et* 12, *n°* 1.— *Loi
du 28 avril* 1816 , *art.* 62.)

L'Officier de l'état civil qui inscrirait ou laisserait inscrire les actes sur du papier non timbré, serait passible
d'une amende de 20 fr. pour chaque acte inscrit en contravention , et du paiement du droit de timbre. (*Loi du*
13 *brumaire an VII, art.* 26, *n°* 5. — *Loi du* 16 *juin*
1824, *art.* 10.)

12. Les frais du papier timbré des registres sont à la
charge des communes, et sont portés annuellement dans
leurs budgets. (*Inst. du Ministre de l'Intérieur, du* 28
octobre 1814.)

Paraphe.

13. Tous les registres doivent être *cotés* et *paraphés*
en tête de chaque feuillet, par le Président du Tribunal
de première instance de l'arrondissement auquel appartient la commune, ou par le Juge qui le remplace.
(*Art.* 41, *C. c.*)

Coter les feuillets d'un registre, c'est les numéroter
en une seule série , depuis le premier jusqu'au dernier,
de manière qu'aucun ne puisse être enlevé sans qu'on
s'aperçoive de sa disparition.

Le greffier du Tribunal met les numéros en tête de
chaque feuillet.

Le Président ou le Juge qui le remplace, met sa signature ou son paraphe au-dessous de chaque numéro.

Il n'est rien dû pour la cote et le paraphe des registres.

14. Au commencement du dernier trimestre de l'année, les Maires doivent se procurer, par l'intermédiaire
des percepteurs de leurs communes, les feuilles de papier timbré nécessaires pour les registres de l'année
suivante, et les transmettre , savoir : ceux de l'arrondis-

sement du chef-lieu préfectoral, au Préfet, et ceux des autres arrondissemens , au Sous-Préfet de leur arrondissement respectif.

Ces feuilles sont soumises au paraphe du Président du Tribunal de première instance, et ensuite renvoyées aux Maires par les Préfets et sous-Préfets (1).

A défaut d'ordres spéciaux de la part des Préfets, il convient que l'envoi soit fait au commencement du dernier trimestre de l'année. L'opération de la cote, du paraphe et du renvoi des registres exige beaucoup de temps; et si l'on ne s'y prenait quelques mois d'avance, on serait exposé à ne recevoir les registres qu'après le 1er janvier.

Titre.

15. Les feuilles envoyées aux préfectures et sous-préfectures doivent être réunies et cousues en autant de cahiers ou volumes qu'il doit y avoir de registres , et porter en tête le titre de la destination respective de chacun d'eux.

Ainsi , en tête de deux registres il faut écrire : *Registre des naissances, reconnaissances et adoptions de la commune de.... pour l'année....*

En tête de deux autres: *Registre des mariages de la commune de.... pour l'année....*

En tête de deux autres : *Registre des décès de la commune de.... pour l'année....*

---

(1) L'époque où les Maires doivent faire cet envoi varie , suivant les règles particulières tracées par chaque Préfet dans son département. Dans le département de l'Hérault , par exemple, une instruction du 20 juillet 1836 prescrit aux Maires et aux Percepteurs de le faire dans le courant du mois d'août. Des instructions antérieures en avaient fixé le terme, tantôt au 20, tantôt au 15 octobre.

Enfin, en tête du septième: *Registre des publica-*
tions de mariage de la commune de. . . . . . . ; pour
l'année. . . .

Chacun de ces registres est formé d'un nombre de
feuilles proportionné au nombre de chaque espèce
d'actes qui s'inscrivent ordinairement dans le cours
d'une année.

Le premier acte s'inscrit immédiatement au-dessous
du titre, sans aucun intervalle en blanc.

Marges.

16. Il doit être laissé à chaque registre une marge de
la largeur du quart de la page.

La destination de cette marge sera indiquée ultérieurement dans plusieurs articles spéciaux.

Clôture.

17. Lorsque l'année est finie, c'est-à-dire, dans la
matinée du premier jour de l'année suivante, l'Officier
de l'état civil termine chaque registre par une formule
de clôture, qui énonce le nombre d'actes contenus dans
le registre. (*Art. 43, C. c.*)

Cette formule est ainsi conçue :

« *Clos et arrêté le présent registre des* (naissances,
» publications, mariages ou décès), *contenant. . . . .*
» *actes, par nous Officier de l'état civil de la com-*
» *mune de. . . . .*

» *A. . . . . le 1ᵉʳ janvier. . . . »*

(Suit la signature de l'Officier de l'état civil.)

Le nombre d'actes doit être énoncé en toutes lettres
et non en chiffres.

18. Cette formule se met immédiatement à la suite
du dernier acte inscrit, sans aucun intervalle.

19. Si un registre est resté complétement en blanc, et

que, dans le courant de l'année, on n'y ait inscrit aucun acte, il ne doit pas moins être revêtu de la formule de clôture, qui se met alors sur la première page, immédiatement à la suite du titre du registre, et peut être rédigée en ces termes :

« *Nous Officier de l'état civil de la commune de*
» .... *avons clos et arrêté le présent registre des*
» (naissances, publications, mariages ou décès), *sur*
» *lequel il n'a été inscrit aucun acte.* »

(Suit la signature de l'Officier de l'état civil.)

CHAPITRE III.

Des Feuilles supplémentaires.

20. Lorsque, avant la fin de l'année, un registre se trouve complétement rempli, on le termine et l'arrête par la même formule, datée du jour où s'est inscrit le dernier acte.

21. Il faut ensuite envoyer au greffe du Tribunal de première instance, sous le couvert du Procureur du Roi, le nombre de feuilles de papier timbré présumé nécessaire pour les actes qu'il pourra y avoir encore à inscrire avant la fin de l'année (1).

---

(1) Les feuilles supplémentaires pourraient être aussi envoyées aux préfectures et sous-préfectures, comme il a été dit au n° 14 pour les registres. Mais, comme cette voie intermédiaire peut entraîner des longueurs, et qu'il y a presque toujours urgence à faire régulariser les feuilles supplémentaires, il vaut mieux les adresser directement aux Procureurs du Roi, avec qui les Maires correspondent en franchise, sous bandes contre-signées.

22. Ces feuilles supplémentaires doivent, comme les registres dont elles sont la suite, porter le titre de leur destination respective. — Voy. n° 15.

Ainsi il faut mettre en tête :

« *Feuilles supplémentaires du registre des* (naissan-
» ces , publications , mariages ou décès) *de la commune*
» *de. . . . pour l'année. . . .*

23. Elles sont cotées et paraphées, comme les registres (Voy. n° 13), par les soins du greffier du Tribunal,
qui les renvoie au Maire par l'intermédiaire du Procureur du Roi, après qu'elles sont revêtues de cette
formalité.

24. A la fin de l'année , ou lorsqu'elles sont remplies,
ces feuilles supplémentaires sont closes et arrêtées,
comme les registres (Voy. n° 17), par une formule indiquant le nombre d'actes qu'elles contiennent, et conçue
en ces termes :

« *Clos et arrêté le présent registre supplémentaire*
» *des* (naissances , publications , mariages ou décès),
» *contenant . . . . . actes, par nous Officier de l'état*
» *civil de la commune de. . . .*
» *A . . . . le. . . . .* »
　　　　(Suit la signature de l'Officier de l'état civil.)

Le nombre d'actes doit être énoncé en toutes lettres
et non en chiffres.

Si aucun acte n'y a été inscrit, la formule de clôture
y est toujours mise, ainsi qu'il est dit au n° 19. Elle est
alors ainsi conçue :

« *Nous Officier de l'état civil de la commune de*
» *. . . . . avons clos et arrêté les présentes feuilles sup-*
» *plémentaires du registre des* (naissances , publica-

»tions, mariages ou décès), *sur lesquelles il n'a été* »*inscrit aucun acte. A....le.....*»

(Suit la signature de l'Officier de l'état civil.)

Chapitre IV.

Nouveaux Registres à établir dans certains cas.

25. Il peut arriver que , dans le courant de l'année , l'Officier de l'état civil soit obligé de se dessaisir d'un ou de plusieurs registres.

Cela arrive notamment, lorsqu'une Cour, un Tribunal ou un Juge d'instruction a ordonné qu'un ou plusieurs registres seraient apportés au greffe, pour l'instruction d'une procédure civile ou criminelle.

Dans la quinzaine de la signification faite à l'Officier de l'état civil de l'arrêt, jugement ou ordonnance prescrivant l'apport des registres, il doit s'en procurer de nouveaux, pareillement timbrés, et les faire parapher comme les premiers. (*Ord. du 18 août 1819, art. 1.*) A cet effet, il doit transmettre au greffe du Tribunal, par l'intermédiaire soit du Préfet ou sous-Préfet, soit du Procureur du Roi, le papier timbré nécessaire pour le nouveau ou les nouveaux registres, et prendre toutes les mesures nécessaires pour qu'ils lui reviennent paraphés avant l'expiration de la quinzaine.

Une fois muni du nouveau ou des nouveaux registres, il doit clore et arrêter chacun de ceux dont il se dessaisit, et mentionner la cause pour laquelle il en fait la clôture avant la fin de l'année. (*Ordon. du 18 août 1819, art. 2.*)

La formule de clôture se met immédiatement à la

suite du dernier acte inscrit, et peut être rédigée de la manière suivante :

« *Nous* (nom du Maire ou de l'Adjoint), *remplis-*
» *sant les fonctions d'Officier de l'état civil de la*
» *commune de*. . . . *vu l'expédition de l'arrêt* (ou juge-
» ment ou ordonnance) *rendu le*. . . . *par la Cour de*
» . . . . (ou le Tribunal, ou le Juge d'instruction), *qui*
» *ordonne que le registre des* (naissances, publications,
» mariages ou décès) *de ladite commune, pour la*
» *présente année, sera apporté devers le greffe de*
» *ladite Cour* (ou Tribunal, ou Juge), *avons clos et*
» *arrêté le présent registre des* (naissances, publications,
» mariages ou décès), *contenant* (énoncer le nombre)
» *actes. A* . . . . *le* . . . . . . »

(Suit la signature.)

Les registres sont ensuite remis au fonctionnaire désigné par l'arrêt, le jugement ou l'ordonnance, et il en est donné par lui récépissé.

26. Les nouveaux registres ouverts en remplacement de ceux dont on s'est dessaisi, doivent porter, à la suite de leur titre, l'énonciation de la cause pour laquelle ils ont été commencés dans le courant de l'année. La formule peut être ainsi conçue :

« *Nouveau registre des* (naissances, publications,
» mariages ou décès) *de la commune de*. . . . *pour la*
» *suite de l'année*. . . . . *ouvert ce-jourd'hui* (énoncer
» la date), *en exécution de l'arrêt* (ou jugement, ou
» ordonnance), *rendu le*. . . . *par la Cour de*. . . . (ou
» le Tribunal, ou le Juge d'instruction), *qui ordonne*
» *que le registre courant de la présente année sera*
» *apporté devers son greffe.* »

A la fin de l'année, ils doivent être clôturés de la manière indiquée au n° 17.

S'il n'y a été inscrit aucun acte, la formule de clôture doit également y être mise, ainsi qu'il est dit pour les registres ordinaires au n° 19.

27. Les frais du timbre des nouveaux registres sont remboursés à la commune qui en a fait l'avance, par la partie condamnée à suite de la procédure pour l'instruction de laquelle l'apport des registres a été ordonné.

Lorsqu'il s'agit d'un jugement en matière criminelle ou correctionnelle, et que le condamné est insolvable, le remboursement est fait par l'Administration du domaine et de l'enregistrement. (*Ord. du* 18 *août* 1819, *art.* 3 *et* 4.)

28. Enfin, il peut arriver qu'une décision du Gouvernement ordonne la réunion d'une commune à une autre. Dans ce cas, l'Officier de l'état civil de la commune réunie doit, le jour où la décision est devenue exécutoire, clore et arrêter chacun des registres de l'état civil, en énonçant dans la formule de clôture la décision qui ordonne la réunion.

Il les remet ensuite à l'Officier de l'état civil du chef-lieu des communes réunies, et il lui en est donné par lui récépissé ou décharge.

CHAPITRE V.
Mesures d'ordre communes aux Registres et aux Feuilles supplémentaires.

———

Numérotage des Actes.

29. Chaque acte inscrit sur les registres doit être numéroté en marge (*Ord. du* 26 *novembre* 1823, *art.* 1. —*Instruction du Ministre de la Justice, du* 31 *décembre* 1823.)

Il ne doit y avoir qu'une seule série de numéros pour chaque registre, et cette série doit être continuée sans interruption sur les feuilles supplémentaires qu'il peut être nécessaire d'y ajouter.

Ainsi, par exemple, s'il a été inscrit 132 actes sur le registre principal des naissances, le dernier portera le n° 132, et s'il y a été ajouté des feuilles supplémentaires, le premier acte inscrit sur ces feuilles portera le n° 133.

Indication du nom des parties en marge.

30. Au-dessous du numéro d'ordre, on met également en marge de chaque acte, les noms des individus auxquels ils s'appliquent.

En marge des actes de naissance, le nom du nouveau-né;

En marge des actes de mariage, les noms des deux nouveaux époux;

En marge des actes de décès, le nom du décédé.

Reliure des Registres.

31. Les registres doivent être reliés. (*Inst. du Minist. de la Just.*, du 31 *décembre* 1823.)

Néanmoins, lorsqu'ils se composent d'un trop petit nombre de feuilles, il suffit de les recouvrir d'un carton ou d'un fort papier.

CHAPITRE VI.

Des Tables alphabétiques.

—

32. Après la fin de l'année, quand les registres et les feuilles supplémentaires ont été définitivement clôturés, on doit dresser des tables alphabétiques des actes contenus dans les registres des naissances, des mariages et des décès. (*Décret du* 20 *juillet* 1807 , *art.* 2.)

Il n'en est point exigé pour le registre des publications de mariage.

33. Ces tables doivent être faites dans le mois qui suit la clôture des registres, c'est-à-dire, dans tout le mois de janvier. (*Même décret.*)

34. Elles sont sur papier timbré, certifiées et signées par l'Officier de l'état civil. (*Même décret, art.* 4.)

35. Il doit y avoir une table particulière pour chaque espèce d'actes. (*Même décret, art.* 10.)

Elles se mettent à la suite de chaque registre, lorsqu'il y reste encore assez de place. Sinon on les dresse sur des feuilles séparées, annexées à chaque registre (1).

36. Les tables, comme les registres, doivent être en deux exemplaires. L'un reste déposé à la mairie ; l'autre est envoyé au greffe du Tribunal, ainsi qu'il sera dit aux numéros 40, 41 et 43.

37. Elles sont divisées en quatre colonnes. La première contient les noms et prénoms des individus auxquels les actes s'appliquent ; la seconde, la date (en chiffres) de ces actes ; la troisième, le numéro du feuillet sur lequel ils sont inscrits ; la quatrième, leur numéro d'ordre (2).

---

(1) D'après l'article 10 du décret du 20 juillet 1807, les trois tables des naissances, des mariages et des décès devraient être à la suite l'une de l'autre sur le même cahier. Mais une circulaire du Ministre de l'Intérieur, du 4 décembre 1812, a prescrit de les mettre séparément à la suite de chaque registre, et l'usage s'est depuis maintenu de procéder ainsi.

(2) Aux termes du décret du 20 juillet 1807, et d'après le modèle qui y est annexé, il suffirait de deux colonnes ; l'une, pour le nom des parties ; l'autre, pour la date des actes. Mais, afin de rendre les recherches plus faciles, on a généralement adopté l'usage d'ajouter deux autres colonnes: l'une, pour le n° du feuillet ; l'autre, pour le numéro des actes.

15

38. L'ordre alphabétique se règle d'après la première
lettre du nom du nouveau-né, pour la table des naissances ; du nom du mari, pour la table des mariages ;
du nom du défunt, pour la table des décès.

39. On peut suivre pour la rédaction de ces tables, les
modèles suivans :

Table *alphabétique des actes de naissance, reconnaissances et adoptions, de la commune de* . . . .
pour l'année. . . . . . .

NOMS DES PARTIES.	DATE DES ACTES.	NUMÉRO DU FEUILLET.	NUMÉRO DE L'ACTE.
Aubert (Jean-Louis).	21 septembre.	8.	45.
Blanchard (Clotilde-Augustine).	12 mai.	5.	29.

Table *alphabétique des actes de mariage de la commune
de* . . . . . . *pour l'année.* . . . . . .

NOMS DES PARTIES.	DATE DES ACTES.	NUMÉRO DU FEUILLET.	NUMÉRO DE L'ACTE.
Abbieu (Jules), marié à Caroline Dupré.	3 juillet.	12.	54.
Bertrand (Jacques), marié à Joséphine Soulier.	22 février.	3.	6.

Table *alphabétique des actes de décès de la commune
de* . . . . . . *pour l'année.* . . . . . .

NOMS DES PARTIES.	DATE DES ACTES.	NUMÉRO DU FEUILLET.	NUMÉRO DE L'ACTE.
Audibert (Catherine).	16 juin.	4.	21.
Bernard (André-Marc)	2 janvier.	1.	2.

Chacune de ces tables est terminée par une formule d'approbation, énonçant le nombre d'actes qu'elle contient. Elle peut être conçue de la manière suivante :

« *Nous Officier de l'état civil de la commune de....* » *certifions exacte la présente table des* (naissances, » mariages ou décès), *contenant..... actes.*

» *A .... le ....* »

(Suit la signature de l'Officier de l'état civil.)

Chapitre VII.

Du dépôt des Registres.

40. Après avoir clôturé les registres, les avoir fait relier et en avoir dressé les tables alphabétiques, l'Officier de l'état civil envoie un des deux exemplaires du registre des naissances, de celui des mariages et de celui des décès, et le registre unique des publications de mariage, au greffe du Tribunal de première instance. (*Art.* 43, 63, *C. c.*)

Il y joint les tables alphabétiques, et les procurations et autres pièces déposées à l'appui des actes, paraphées ainsi qu'il sera dit ultérieurement. (*Art.* 44, *C. c.* — *Décret du 20 juillet* 1807, *art.* 2.)—Voy. n° 80, 81, 82.

41. Cet envoi doit être fait dans le mois qui suit la clôture des registres, c'est-à-dire, dans tout le mois de janvier. (*Art.* 43 *et* 63, *C. c.*)

42. Il se fait, soit par l'intermédiaire des Préfets ou Sous-Préfets, soit à l'adresse du Procureur du Roi, sous bandes croisées et signées par le Maire ou l'Adjoint. (*Instr. du Ministre de la Justice, du* 31 *décembre* 1823. — *Ord. du* 14 *décembre* 1825.)

Il n'est rien dû au greffier du Tribunal de première instance pour le dépôt des registres et des pièces annexées. (*Circ. minist. du 24 septembre 1808.*)

43. L'autre exemplaire du registre des naissances, de celui des mariages et de celui des décès, reste déposé aux archives de la mairie. (*Art.* 43, *C. c.*)

44. L'Officier de l'état civil qui ne ferait pas, dans le délai fixé, l'envoi des registres au greffe du Tribunal, serait passible d'une amende, qui pourrait s'élever jusqu'à 100 francs. (*Art.* 50, *C. c. — Ord. du 26 novembre 1823, art. 4.*)

Chapitre VIII.

Garde et conservation des Registres. — Responsabilité des Officiers de l'état civil.

45. La garde et la conservation des registres courans et des registres clôturés, déposés dans les archives de la mairie, sont confiées aux Officiers de l'état civil. (*Loi du 20 septembre 1792, art. 21, tit. 1.*)

Ils sont responsables envers les parties intéressées des altérations, faux ou destructions qui y surviennent, sauf leur recours contre les auteurs de ces dommages, s'ils sont connus. (*Art.* 51, *C. c.*)

S'ils avaient commis eux-mêmes ou aidé à commettre les faux ou altérations, ils seraient passibles des travaux forcés à perpétuité. (*Art.* 145, *C. p.*) Ils seraient passibles des travaux forcés à temps, s'ils avaient détruit, supprimé, soustrait ou détourné un registre ou un acte, ou coopéré à sa destruction, suppression, soustraction ou détournement. (*Art.* 173, *C. p.*)

46. Lorsque l'Officier de l'état civil s'aperçoit d'un faux, d'une altération, d'une lacération de feuillet ou de la disparition d'un ou de plusieurs registres , il doit immédiatement en informer le Procureur du Roi, afin que ce Magistrat prenne les mesures qu'il juge convenables pour la poursuite des coupables, et, s'il y a lieu, pour le rétablissement ou le remplacement des actes et des registres altérés , détruits ou enlevés.

Chapitre IX.

Vérification des Registres. — Surveillance des Procureurs du Roi.

47. Dans les quatre premiers mois de chaque année, les Procureurs du Roi vérifient les registres de l'année précédente, déposés au greffe de leur Tribunal.

Ils dressent de cette vérification un procès-verbal, qui est transmis au Ministre de la Justice, et ils dirigent, s'il y a lieu, des poursuites contre les Officiers de l'état civil, à raison des contraventions découvertes dans les actes. (*Art.* 53 , *C. c.* — *Ord. du* 26 *novembre* 1823, *art.* 1 , 2.)

48. Ils adressent en outre aux Officiers- de l'état civil des instructions sur les contraventions qu'ils ont remarquées et sur les moyens de les éviter. (*Ord. du* 26 *novembre* 1823 , *art.* 3, 4.)

Il est extrêmement important de conserver ces instructions, qui doivent servir de règle aux rédacteurs des actes.

49. Les Procureurs du Roi peuvent aussi , quand ils le jugent convenable , se transporter dans les communes de leur arrondissement, pour vérifier les registres cou-

rans. Ils ont même la faculté de charger de cette opération le Juge de paix du canton. (*Ord. du 26 novembre
1823, art. 3.*)

50. Les Maires et leurs Adjoints doivent mettre à la
disposition de ces magistrats, mais sans déplacement ,
les registres et toutes les pièces annexées , leur fournir
tous les renseignemens qu'ils réclament, et faciliter ,
autant qu'il est en eux, leur vérification.

51. Tout ce qui concerne l'état civil est placé spécialement sous la surveillance et l'autorité des Procureurs
du Roi. C'est à eux que les Maires et les Adjoints doivent s'adresser , lorsqu'ils sont embarrassés par quelque
difficulté, ou qu'ils découvrent quelque irrégularité en
cette partie.

DEUXIÈME PARTIE.

CHAPITRE PREMIER.

**Par qui les Actes peuvent être reçus. — Pouvoirs des Maires,
des Adjoints et des Conseillers municipaux.**

---

52. Les actes sont reçus dans chaque commune par le
Maire.

Ils peuvent l'être aussi par les Adjoints, dans les trois
cas suivans :

1° Lorsqu'il n'y a point de Maire en exercice , c'est-
à-dire, lorsque le Maire n'a point encore été nommé ,
ou qu'il a été révoqué ou suspendu , ou qu'il a donné sa
démission;

2° Lorsque le Maire est malade, absent , occupé à
d'autres fonctions, ou *légitimement empêché ;* — Voy.
n° 53.

3° Lorsqu'il a délégué, ainsi qu'il en a le droit, à son
Adjoint ou à l'un de ses Adjoints, les fonctions relatives
à l'état civil. (*Déc. du 4 juin 1806, art.* 5.) — Voy. n° 54.

53. Le Maire est *légitimement empêché,* lorsqu'il
s'agit d'un acte dans lequel il doit figurer comme partie,
déclarant ou témoin.

Cet empêchement est commun à tous les fonctionnaires appelés à remplir les fonctions d'Officier de l'état
civil : ils doivent s'abstenir de constater la naissance, le

mariage et le décès de leurs enfans , et généralement de recevoir les actes dans lesquels ils ont à donner un consentement, à faire une déclaration , ou à servir de témoin. (*Décis. du Ministre de la Justice, du 21 juillet* 1818. — *Conséq. des art.* 39, 56 , 75, 76 n° 4, 148 , 151 , 153 , *C. c.*)

54. La délégation que le Maire a le droit de faire à son Adjoint ou à l'un de ses Adjoints, des fonctions relatives à l'état civil, peut être pour une ou plusieurs années, ou seulement pour une partie quelconque de l'année.

Elle se fait par un arrêté spécial , signé du Maire , déposé dans les archives de la commune , et qui peut être conçu en ces termes :

« *Nous* (nom et prénoms du Maire) , *Maire de la* » *commune de*....

» *Vu l'art.* 5 *du décret du* 4 *juin* 1806 , *déléguons* » *M* . . . . (indiquer le nom et les prénoms de l'Adjoint), » *Adjoint à la mairie , pour remplir les fonctions* » *d'Officier de l'état civil de ladite commune pendant*... » (énoncer le délai pour lequel la délégation est faite), » *et signer les pièces et les actes qui y sont relatifs, tant* » *en notre présence qu'en notre absence, et ordonnons* » *que le présent arrêté sera déposé aux archives de* » *la mairie et qu'il en sera délivré expédition audit* » *M*..... *Adjoint.*

» *Fait dans la maison commune, à*.... *le*.... »

(Signature du Maire.)

55. Les membres du Conseil municipal , pris suivant l'ordre du tableau, peuvent aussi recevoir les actes et remplir les fonctions relatives à l'état civil, dans les cas suivans :

1° Lorsqu'il n'y a ni Maire ni Adjoint en exercice;

2ᵉ Lorsque le Maire et les Adjoints en exercice sont tous malades, absens, occupés à d'autres fonctions, ou *légitimement empêchés*; (*Loi du 4 mars 1831, art. 5. — Loi du 20 septembre 1792, tit. 1, art. 4.*) — Voy. n° 53.

3° Lorsque le Maire leur a spécialement délégué les fonctions relatives à l'état civil.

Il a la faculté de faire cette délégation à un membre du Conseil municipal, mais seulement quand il n'a point d'Adjoints ou qu'ils sont tous malades, absens, ou légitimement empêchés. (*Induct. du décret du 4 juin 1806. — Décis. de la Cour de cass., du 26 mai 1836.*) (1)

La délégation des Conseillers municipaux se fait dans la même forme que celle des Adjoints. — Voy. n° 54.

56. Les causes d'empêchement légitime indiquées au n° 53, sont communes aux Adjoints et aux Conseillers municipaux.

57. Lorsque la mer ou tout autre obstacle rend difficiles, dangereuses, ou momentanément impossibles les communications entre le chef-lieu et une portion de commune, un Adjoint spécial, pris parmi les habitans de cette fraction, est nommé en sus du nombre ordinaire des Adjoints, et remplit les fonctions d'Officier de l'état civil dans cette partie détachée de la commune. (*Loi du 4 mars 1831, art. 2. — Loi du 18 floréal an X.*)

(1) Il est douteux si le Maire peut choisir à son gré, sans suivre l'ordre du tableau, le Conseiller municipal à qui il veut faire la délégation. Dans le doute, il est plus prudent de suivre cet ordre et de faire la délégation au premier inscrit, et successivement à ceux qui le suivent, lorsqu'il existe quelque cause d'empêchement à l'égard des premiers.

Chapitre II.

Quand les Actes peuvent être dressés.

——

58. Les Officiers de l'état civil ne peuvent pas dresser les actes d'*office*, c'est-à-dire, de leur propre mouvement.

Ils doivent attendre que les déclarations ou les réquisitions nécessaires leur soient faites par les parties intéressées, ou par les personnes que la loi y oblige ou y autorise, sauf lorsqu'il s'agit d'une mort violente, ainsi qu'il sera expliqué ci-après. — Voy. n⁰ˢ 414, 417, 418.

59. Néanmoins, ils doivent veiller à ce que les naissances et les décès qui surviennent dans leurs communes, soient exactement constatés, et inviter les parties intéressées à faire les déclarations nécessaires à cet effet.

Si les délais fixés par la loi sont expirés sans que les déclarations aient été faites, ils doivent en avertir le Procureur du Roi, pour que ce magistrat puisse requérir, contre ceux qui auraient dû les faire, les peines prononcées par la loi (Voy. le n⁰ 106), et faire rétablir les actes omis, dans les cas où il y est autorisé. —Voy. n⁰ˢ 452, 453.

En ce qui concerne spécialement les décès, ils doivent refuser l'autorisation d'inhumer, jusqu'à ce que la mort ait été déclarée et constatée (Voy. n⁰ˢ 389, 390, 395), et dénoncer au Procureur du Roi les personnes qui auraient fait l'inhumation sans autorisation, ou y auraient concouru d'une manière quelconque. — Voy. n⁰ 405.

Quant aux reconnaissances d'enfans naturels, aux inscriptions d'adoptions, aux publications de mariage et

aux mariages, les formalités qui y sont relatives sont
entièrement volontaires de la part des parties , et l'Officier de l'état civil ne doit s'occuper de les remplir, qu'autant qu'il en est formellement requis.

CHAPITRE III.

Forme de la comparution des Parties.

60. Les parties peuvent se faire représenter par un
procureur-fondé dans tous les actes de l'état civil,
excepté les futurs époux dans l'acte de mariage.

Ainsi , les déclarations de naissance et les reconnaissances d'enfans naturels peuvent être faites par un procureur-fondé, au nom du père et de la mère.

Le consentement au mariage peut être donné par un
procureur-fondé, au nom du père , de la mère ou des
autres ascendans.

Les réquisitions ayant pour objet la transcription des
adoptions et des autres actes qui doivent être transcrits
dans les registres de l'état civil, peuvent pareillement
être faites par des procureurs-fondés.

Les procurations doivent être passées devant notaire,
et être spéciales, c'est-à-dire, avoir précisément pour
objet l'acte dans lequel on en fait usage.

Elles sont remises à l'Officier de l'état civil et demeurent annexées aux actes, après avoir été paraphées par
les procureurs-fondés et l'Officier de l'état civil. (*Art.*
36, *C. c.*) — Voy. n° 80 , 81 et 82.

Chapitre IV.

Des Témoins.

61. Tous les actes de l'état civil, à l'exception des publications de mariage, doivent être reçus en présence de témoins.

Il en faut deux pour les actes de naissance et de reconnaissance; quatre, pour les actes de mariage; deux, pour les actes de décès. (*Art.* 56, 75 et 78, *C. c.*)

62. Les témoins doivent être du sexe masculin et majeurs, c'est-à-dire, âgés de 21 ans au moins. (*Art.* 37, *C. c.*)

Il n'est pas nécessaire qu'ils soient citoyens français.

63. Il n'est pas nécessaire non plus qu'ils sachent signer.

64. Ils sont choisis par les parties intéressées, soit parmi leurs parens, soit parmi des étrangers. (*Art.* 37, *C. c.*)

65. Néanmoins, on ne peut prendre pour témoins et compter comme tels, les personnes qui doivent figurer dans l'acte en une autre qualité, soit en leur propre nom, soit comme porteurs de procurations.

Par exemple, le père qui déclare la naissance de son fils, ou le procureur-fondé qui la déclare en son nom, ne peut compter au nombre des témoins de l'acte de naissance.

Par exemple encore, les pères ou grand-pères qui donnent leur consentement au mariage de leurs enfans ou petits-enfans, ou les procureurs-fondés qui le donnent en leur nom, ne peuvent figurer en même temps comme témoins dans l'acte de mariage.

66. Sont incapables de servir de témoins et ne peuvent être pris comme tels, quand même les parties le voudraient,

1° Les individus morts civilement (condamnés aux travaux forcés à perpétuité ou à la déportation) ; (*Art.* 18, *C, p. ; 25 C. c.*) — Voy. n° 184.

2° Ceux qui ont été condamnés aux travaux forcés à temps, à la détention, à la réclusion, au bannissement ou à la dégradation civique ; (*Art.* 8, 28, 34, *C. p.*) — Voy. ci-après n° 235 , § 5.

3° Les individus condamnés en matière correctionnelle, auxquels on a fait l'application de l'art. 42, n° 7, du Code pénal.

67. Les témoins doivent toujours comparaître en personne, et ne peuvent se faire représenter par un procureur-fondé.

68. C'est violer la loi, que d'admettre les parties à faire leurs déclarations, sans qu'elles soient assistées de témoins, et de faire ensuite signer les actes, soit par des employés de la mairie, soit par les premières personnes qui se trouvent à la disposition de l'Officier de l'état civil. Il faut toujours que les témoins aient une connaissance personnelle des faits déclarés ; qu'ils puissent attester l'identité des parties, et qu'ils soient présens aux déclarations qu'elles font.

Chapitre V.

Rédaction des Actes.

—

Ordre d'inscription.

69. *Immédiatement* après que l'Officier de l'état civil a reçu les déclarations et rempli les formalités prescrites par la loi, les actes doivent être rédigés et inscrits à la fois sur les deux registres, en présence des parties et des témoins.

Il est expressément interdit de se borner à prendre de simples notes, et de renvoyer à un autre jour ou à un autre moment la rédaction et l'inscription des actes. Ce serait d'ailleurs commettre un faux, puisque l'acte aurait une date autre que celle du jour où on le rédigerait, et que l'on ne serait plus réellement en présence des parties et des témoins, ainsi que les actes l'énoncent.

70. Ils doivent être inscrits à la suite les uns des autres, suivant l'ordre de leurs dates, sans laisser entre eux d'autre intervalle que celui qui est occupé par les signatures de l'acte précédent. (*Art.* 42, *C. c.*)

Formalités matérielles.

71. Chaque acte doit être écrit en un seul contexte, sans aucun blanc, ni interligne, ni alinéa. (*Art.* 42, *C. c.*)

72. Il n'y doit être rien écrit par abréviation. (*Art.* 42, *C. c.*)

73. Toutes les dates, tous les nombres doivent être écrits en toutes lettres et non en chiffres. (*Art.* 42, *C. c.*)

Lecture.

74. Après que l'acte a été transcrit sur les deux exemplaires du registre, il en est donné lecture aux parties, ou aux fondés de pouvoirs qui comparaissent en leur nom, et aux témoins. (*Art.* 38, *C. c.*)

Signature.

75. L'acte est ensuite immédiatement signé sur les deux exemplaires du registre par l'Officier de l'état civil, les parties ou leurs procureurs-fondés, et les témoins. (*Art.* 39, *C. c.*)

La signature doit avoir lieu au moment même de la rédaction des actes. Il y aurait les plus graves inconvéniens à la renvoyer à un autre jour ou à un autre moment : l'Officier de l'état civil peut mourir dans l'intervalle; quelqu'un des témoins ou des parties peut également mourir, ou ne plus vouloir signer les actes, qui resteraient ainsi imparfaits.

76. Si les parties et les témoins ou quelqu'un d'eux ne savent pas signer, ou ne le peuvent pas, par suite de quelque maladie, de quelque blessure, ou de quelque infirmité, il en est fait mention expresse dans l'acte. (*Art.* 39, *C. c.*)

Ratures et Renvois.

77. Si l'on a raturé quelque mot dans le corps d'un acte, ou si l'on a été obligé d'y ajouter quelque chose par renvoi, la rature et le renvoi doivent être approuvés et l'approbation signée par les parties ou leurs fondés de pouvoirs, les témoins et l'Officier de l'état civil. (*Art.* 42, *C. c.*)

78. L'approbation est rédigée de la manière suivante :

S'il s'agit d'une rature : *Approuvant la rature de...* (énoncer le nombre de mots raturés)... *à la ligne....* (indiquer la ligne).

S'il s'agit d'un renvoi : *Approuvant le renvoi ci-dessus , contenant . .* (énoncer le nombre).. *mots.*

79. Les renvois et leur approbation , ainsi que l'approbation des ratures, sont portés à la marge de l'acte, s'il se trouve signé, lorsqu'on s'aperçoit de la nécessité du renvoi ou de la rature.

Si l'acte n'est pas encore signé, les renvois et leur approbation, ainsi que l'approbation des ratures , se mettent immédiatement à la suite de l'acte , avant les signatures.

Pièces justificatives à annexer.

80. Les procurations et les autres pièces que les parties produisent à l'appui des actes , doivent être paraphées par elles et par l'Officier de l'état civil. (*Art.* 44 , *C. c.*)

Si la personne qui doit parapher une pièce produite ne sait ou ne peut signer, l'Officier de l'état civil le mentionne au dos de la pièce, en la paraphant lui-même.

81. Elles sont ensuite annexées aux registres, pour être déposées, à la fin de l'année, au greffe du Tribunal de première instance , ainsi qu'il a été dit au n° 40.

82. Pour faciliter les recherches et la vérification du Procureur du Roi, il faut avoir soin de mettre au dos de chacune d'elles le nom de l'individu auquel elles s'appliquent, et le n° de l'acte pour lequel elles ont été produites.

L'on en fait ensuite trois liasses séparées : l'une, pour
les pièces produites à l'appui des actes de naissance;
l'autre, pour les pièces produites à l'appui des actes de
mariage; la troisième, pour les pièces produites à l'appui
des actes de décès.

Énonciations que les actes doivent contenir.

83. Il ne doit être inséré dans les actes que ce qui est
déclaré par les personnes , sur la réquisition ou la déclaration desquelles ils sont dressés.

Les Officiers de l'état civil n'y peuvent rien ajouter
d'eux-mêmes, soit par note, soit de toute autre façon.
(*Art.* 35 , *C. c.*)

Les déclarations faites à l'Officier de l'état civil ne
doivent même pas y être insérées , lorsqu'elles ne sont
pas au nombre de celles que la loi exige ou autorise,
suivant chaque espèce d'actes.

84. Indépendamment des faits , des déclarations et
des formalités que chaque acte est spécialement destiné à constater suivant sa nature , tous doivent énoncer :

1° L'année, le jour et l'heure où ils sont reçus; (*Art.*
34 , *C. c.*)

2° Les noms et qualités du fonctionnaire qui les reçoit; — Voy. n° 52 , 55 , 85 , 86 , 87 , 88 , 89.

3° Les prénoms , nom , âge , profession et domicile de toutes les personnes qui y sont dénommées;
(*Art.* 34 , *C. c.*) — Voy. n° 90 , 91 , 92 , 93.

4° La lecture de l'acte aux parties et aux témoins ;
— Voy. n° 74.

5° La signature de l'Officier de l'état civil, des parties
et des témoins, ou la cause qui empêche les uns ou les
autres, ou quelqu'un d'eux, de signer.— Voy. n° 75 , 76.

85. Lorsque l'acte est reçu par le Maire lui-même, il commence ainsi:

« *L'an. . . . et le. . . . du mois de. . . . à. . . . heure*
» *. . . . devant nous* (nom et prénoms du Maire), *Maire*
» *et Officier de l'état civil de la commune de. . . . a*
» *comparu* ou *ont comparu, etc.* »

86. Lorsque l'acte est reçu par un Adjoint, en l'absence ou en cas d'empêchement du Maire, on le mentionne de la manière suivante:

« *L'an. . . . et le. . . . du mois de. . . . à. . . . heure*
» *. . . . devant nous* (nom et prénoms de l'Adjoint),
» *adjoint au Maire de la commune de. . . . remplis-*
» *sant les fonctions d'Officier de l'état civil, en rem-*
» *placement de M. . . . Maire, absent* (ou empêché
» pour telle ou telle cause qu'on énonce). »

Lorsqu'il n'y a point de Maire en exercice, les actes faits par l'Adjoint sont ainsi intitulés:

« *L'an. . . . et le. . . . du mois de. . . . à. . . . heure*
» *. . . . devant nous* (nom et prénoms de l'Adjoint),
» *adjoint au Maire de la commune de. . . remplissant*
» *les fonctions d'Officier de l'état civil, à défaut de*
» *Maire en exercice, a comparu* ou *ont comparu, etc.*»

87. Si l'Adjoint remplit les fonctions d'Officier de l'état civil en vertu d'une délégation spéciale du Maire, cette délégation doit toujours être énoncée dans les actes. (*Inst. du Min. de l'Int. , du 30 juillet* 1807.)

On peut l'exprimer de la manière suivante:

« *L'an. . . . et le. . . . du mois de. . . . à. . . . heure*
» *. . . . devant nous* (nom et prénoms de l'Adjoint),
» *adjoint au Maire de la commune de. . . . délégué*
» *pour remplir les fonctions d'Officier de l'état civil,*
» *par arrêté du Maire, en date du. . . . a comparu*
» *ou ont comparu, etc.* »

88. Si l'acte est rédigé par un membre du Conseil municipal dans les cas indiqués au n° 55, il est intitulé de la manière suivante :

« *L'an.... et le.... du mois de....à.... heure*
» *.... devant nous* (nom et prénoms), *membre du Con-*
» *seil municipal de la commune de.... remplissant*
» *les fonctions d'Officier de l'état civil de ladite com-*
» *mune, en l'absence du Maire et des Adjoints* (ou
» de son Adjoint , s'il n'y en a qu'un);

« Ou , *pour cause d'empêchement du Maire et de ses*
» *Adjoints ;*

« Ou , *à défaut de Maire et d'Adjoint en exercice ;*

« Ou , *en vertu de la délégation contenue dans l'arrêté*
» *de M. le Maire , en date du.... a comparu* ou *ont*
» *comparu*, etc. »

89. Si l'acte est rédigé par l'Adjoint spécial d'une section de commune , dans le cas prévu au n° 57, il est intitulé de la manière suivante :

« *L'an.... et le.... du mois de....à.... heure*
» *.... devant nous* (nom et prénoms) , *Adjoint , rem-*
» *plissant les fonctions d'Officier de l'état civil de la*
» *section* (indiquer la position géographique ou le nom de
» là section) *de la commune de.... en vertu de l'arrêté*
» *de M. le Préfet du département de....* (ou de l'or-
» donance royale) *en date du.... a comparu* ou *ont*
» *comparu*, etc. »

. 90. Lorsque les parties, dans les cas où elles y sont autorisées par la loi (Voy. n° 60), ne comparaissent pas en personne , et qu'elles se font représenter par un procureur-fondé, l'acte doit énoncer les nom , prénoms, âge, profession et domicile du procureur-fondé, la nature et la date de la procuration , et cela indépendamment de l'énonciation des nom, prénoms, âge, profession et domicile de la personne que le procureur-fondé représente. (*Art.* 34 , *C. c.*)

91. Les parties et autres personnes dénommées dans les actes ne peuvent être désignées que par les nom et prénoms portés dans leur acte de naissance.

On peut y ajouter leur surnom, lorsqu'il sert habituellement à distinguer les membres d'une même famille. (*Décret du 6 fructidor an II, art.* 1, 2 , 4.)

92. Lorsqu'elles n'ont point de profession, on le mentionne en ces termes : *Sans profession.*

93. Lorsqu'elles sont revêtues de quelque titre ou dignité reconnus par la loi , il faut le mentionner ; par exemple, si elles sont membres de la légion d'honneur. (*Circ. du Ministre de la Justice , du 3 juin* 1807.)

Chapitre VI.

Actes restés imparfaits.

—

94. Si, après qu'un acte a été inscrit sur les registres, ou qu'on a commencé de l'y inscrire, il arrive qu'il ne s'achève pas , soit parce que les parties intéressées se sont retirées avant de le signer, soit parce qu'elles n'ont pas voulu le signer, soit par l'effet de toute autre circonstance , l'Officier de l'état civil doit le biffer ou bâtonner, et énoncer à la suite le motif pour lequel l'acte est resté imparfait et a été biffé.

Cette énonciation doit être signée par lui. (*Cons. de l'art.* 42, *C. c.*)

3

Chapitre VII.

Dispositions pénales.

94 *bis.* Toute contravention aux règles ci-dessus re-
tracées rend les Officiers de l'état civil passibles d'une
amende qui peut s'élever jusqu'à 100 fr., sans préjudice
des peines plus graves prononcées dans certains cas particuliers. (*Art.* 50, *C. c.*)

TROISIÈME PARTIE.

DES ACTES DE NAISSANCE, DE RECONNAISSANCE, DE
LÉGITIMATION ET D'ADOPTION.

———

Titre Premier.

Des actes de Naissance.

———

CHAPITRE PREMIER.

Des Actes de Naissance dans les circonstances ordinaires.

———

SECTION PREMIÈRE. — De la déclaration de Naissance.

———

Délai de la Déclaration.

95. Lorsqu'un enfant est né, la déclaration doit en
être faite à l'Officier de l'état civil de la commune dans
laquelle la naissance a eu lieu. (*Art.* 55, *C. c.*)

96. L'enfant doit lui être présenté. (*Art.* 55, *C. c.*) Si
néanmoins il y avait danger à ce qu'il fût transporté à
la mairie, l'Officier de l'état civil pourrait se rendre,

dans la maison où est cet enfant et se l'y faire représenter. (*Loi du 20 septembre 1792, tit. 3, art. 6. — Loi du 24 décembre 1792, sect. 2, art. 2.*) — Voy. l'exemple III.

97. La déclaration de naissance et la présentation de l'enfant doivent être faites en présence de *deux* témoins. (*Art. 56, C. c.*)

98. Ces formalités doivent être remplies *dans les trois jours* de l'accouchement. (*Art. 55.*)

Ainsi, la naissance d'un enfant né le lundi, par exemple, doit être déclarée au plus tard le mercredi.

99. Si la déclaration n'a pas été faite dans ce délai, l'Officier de l'état civil ne peut plus la recevoir. (*Avis du Conseil d'État, du 12 brumaire an XI.*)

Dans ce cas, l'acte destiné à constater la naissance ne peut plus être inscrit sur les registres, qu'en vertu d'un jugement que les parties intéressées font rendre, dans la forme qui sera indiquée plus tard.

100. Cette règle ne doit pourtant pas être appliquée avec trop de rigueur. Si le délai fixé par la loi n'était expiré, par exemple, que depuis vingt-quatre heures, l'Officier de l'état civil pourrait, sans inconvénient, recevoir la déclaration et rédiger l'acte.

Par qui la déclaration doit être faite.

101. La déclaration de naissance doit être faite par le père, s'il se trouve sur les lieux. (*Art. 56, C. c.*)

102. Si le père est absent, ou si, par suite de quelque infirmité, de quelque maladie, ou de quelque accident, il ne peut se présenter devant l'Officier de l'état civil, la déclaration doit être faite par les docteurs en médecine ou en chirurgie, les sages-femmes, les officiers de santé ou autres personnes qui ont assisté à l'accouchement.

103. Lorsque la mère est accouchée hors de son domicile, et que le père est absent ou empêché de faire la déclaration, elle doit être faite par la personne chez qui l'accouchement a eu lieu, ou par le chef ou directeur de l'établissement où se trouvait la mère au moment de l'accouchement. (*Art.* 56, *C. c.*)

104. Les règles ci-dessus s'appliquent particulièrement au cas où la mère est mariée.

Si elle ne l'est pas, le père, *qu'il soit connu ou non*, n'est pas obligé de faire la déclaration.

105. S'il la fait volontairement et déclare à l'Officier de l'état civil qu'il reconnaît pour être à lui l'enfant né d'une femme avec laquelle il n'est pas marié, l'acte de naissance est rédigé sur cette déclaration, d'après les règles tracées aux n°' 112, 113, 144, 145, 148, et sauf les exceptions qui y sont énoncées.

106. Hors ce cas, lorsque la mère n'est pas mariée, la déclaration doit être faite par les personnes indiquées aux n°' 102 et 103.

Peines pour défaut de déclaration.

107. Les personnes qui sont obligées de faire la déclaration, ainsi qu'il est dit aux n°' 101, 102, 103 et 106, et qui ne l'ont pas faite dans le délai fixé, sont passibles d'un emprisonnement de six jours à six mois, et d'une amende de 16 fr. à 300 fr. (*Art.* 346 *du Cod. pén.*)

Lorsque l'Officier de l'état civil est instruit d'une pareille omission, il doit en informer le Procureur du Roi de l'arrondissement, afin que ce magistrat poursuive, s'il y a lieu, les personnes punissables, et provoque, dans les cas où la loi l'y autorise, le rétablissement de l'acte omis.

Section II. — De l'acte de Naissance.

Rédaction et énonciations de l'acte.

108. Immédiatement après la déclaration, l'acte de naissance est rédigé, couché et signé sur le double registre, toujours en présence des témoins. (*Art. 56, C. c.*)

109. Indépendamment des formalités communes à tous les actes, et énumérées au n° 84, l'acte de naissance doit énoncer :

1° Les nom, prénoms, âge, profession et domicile du déclarant ; la qualité en laquelle il fait la déclaration, si elle n'est pas faite par le père, et la cause qui empêche le père de la faire lui-même, lorsque l'enfant est né de parens mariés ; — Voy. n°ˢ 100, 101, 102, 105.

2° La présentation de l'enfant à l'Officier de l'état civil, ou le transport de ce fonctionnaire auprès de lui ; — Voy. n° 96.

3° Son sexe;

4° Le jour, l'heure et le *lieu* où il est né ;—Voy. n° 110.

5° Les nom, prénoms, âge, profession et domicile du père et de la mère, s'ils sont connus et déclarés ; — Voy. n°ˢ 111, 112, 113, 114, 115, 116.

6° Les prénoms donnés au nouveau-né. —Voy. n°ˢ 117, 118, 119, 120, et les exemples I et II.

110. Le lieu de la naissance doit être précisé, non-seulement par l'indication de la commune, mais encore par la désignation de la rue et de la maison dans laquelle l'enfant est né.

111. Lorsque l'enfant est né d'une femme mariée, l'acte ne peut indiquer comme père un autre que le mari de cette femme, quelle que soit d'ailleurs la déclaration faite à l'Officier de l'état civil, soit par le mari lui-même qui prétendrait que l'enfant n'est pas de lui, soit par un autre qui déclarerait qu'il est issu de ses œuvres, soit par l'accouchée qui déclarerait que l'enfant est d'un autre que de son mari. (*Art.* 312, *C. c.*— *Décret du* 19 *floréal an II.*)

La loi réserve seulement au mari et à ses héritiers le droit de désavouer ultérieurement l'enfant, dans les cas déterminés par les articles 312 à 318 du Code civil.

112. Lorsque l'enfant est né d'une femme non mariée, le père est *légalement* censé inconnu. Il ne doit pas être indiqué dans l'acte, à moins qu'il ne se déclare *lui-même*, soit en personne, soit par l'intermédiaire d'un procureur-fondé. (*Cons. de l'art.* 340, *C. c.*)

S'il ne se déclare pas, l'Officier de l'état civil ne doit rien faire pour chercher à le connaître. Lors même qu'il le connaîtrait personnellement, ou qu'il lui serait spontanément désigné, soit par le déclarant, soit par la mère elle-même, il doit s'abstenir de mettre son nom dans l'acte et se borner à énoncer que le père est inconnu, en indiquant les prénoms, nom, âge, profession et domicile de la mère. (*Inst. du Ministre de l'Int., du* 21 *ventôse an IX.*) — Voy. l'exemple IV.

113. Le père de l'enfant né d'une femme non mariée ne doit pas non plus être indiqué dans l'acte, même quand il se déclarerait volontairement, s'il est parent de la mère à un degré où le mariage est prohibé (Voy. n°° 193, 194, 195, 197), ou si, au moment de la con-

ception de cet enfant; il était marié avec une autre femme. (*Cons. de l'art.* 335, *C. c.*)

114. Il peut se faire que la mère elle-même ne soit pas connue et ne puisse être dénommée dans l'acte.

Cela arrive, par exemple, lorsqu'une femme accouche hors de son domicile, soit dans un établissement public où elle ne s'est pas fait connaître, soit chez une sage-femme ou un accoucheur, à qui elle n'a pas révélé son nom, ou ne l'a confié que sous le sceau du secret.

Dans ce cas et dans d'autres analogues, l'Officier de l'état civil doit se borner à constater que l'enfant a été déclaré né de parens inconnus. — Voy. l'exemple V.

Il ne peut contraindre les déclarans à les indiquer, et il ne doit se livrer à aucune recherche pour les découvrir.

115. Toutes les fois que la mère est indiquée, même sans son consentement, ou à son insu, elle doit être dénommée dans l'acte. (*Cons. de l'art.* 341, *C. c.*)

Noms.

116. Il faut avoir grand soin d'écrire et d'orthographier les noms propres exactement comme la famille les écrit.

En cas d'incertitude, l'Officier de l'état civil doit consulter les actes antérieurs, principalement l'acte de mariage du père et de la mère, ou leurs actes de naissance.

Prénoms.

117. Les prénoms du nouveau-né sont donnés par la personne qui fait la déclaration.

Si elle ne les indique pas, l'Officier de l'état civil doit les donner lui-même.

118. Un nom de famille ne peut être donné pour prénom. (*Loi du* 11 *germinal an XI*, *art.* 1 *et* 2.)

L'observation rigoureuse de cette règle est surtout nécessaire lorsqu'il s'agit d'un enfant naturel, auquel on voudrait donner pour prénom le nom de famille de l'individu à qui la paternité est attribuée.

119. On ne peut donner pour prénoms que les noms en usage dans les différens calendriers et ceux des personnages connus dans l'histoire. (*Loi du 11 germinal an XI , art.* 1.)

120. Il faut éviter de donner à l'enfant les mêmes prénoms que porte déjà quelqu'un de ses frères ou de ses sœurs.

CHAPITRE II.

Des Actes de Naissance dans quelques circonstances particulières.

—

SECTION PREMIÈRE. — Des Jumeaux,

121. La naissance des enfans jumeaux peut être déclarée par la même personne, en présence des mêmes témoins.

122. Mais il doit être fait autant d'actes séparés qu'il y a de jumeaux. (*Art.* 57 , *C. c.* — *Instr. du* 31 *décembre* 1823.)

123. L'acte de naissance de chacun doit énoncer qu'il est né avec un ou plusieurs jumeaux, et mentionner avec précision l'ordre dans lequel chacun est sorti du sein de sa mère

Les actes doivent être inscrits dans cet ordre, c'est-à-dire, qu'il faut inscrire d'abord l'acte de naissance de l'enfant qui est sorti le premier du sein de sa mère, puis celui du second, etc.

124. Lorsqu'ils ont sur le corps quelque marque particulière, de nature à empêcher de les confondre, il est bon d'en faire mention. — Voy. l'exemple VII.

SECTION II. — Des enfans mort-nés, ou dont la nàissance n'a pas été enregistrée.

125. Lorsqu'on présentera à l'Officier de l'état civil le cadavre d'un enfant dont la naissance n'aura pas été enregistrée, ce fonctionnaire n'énoncera pas dans l'acte que cet enfant est *décédé*, mais seulement qu'il lui a été présenté sans vie. (*Décret du 4 juillet* 1806, *art.* 1.)

126. Il évitera pareillement toute autre énonciation, de laquelle il pourrait résulter un préjugé sur la question de savoir si l'enfant a eu vie ou non. (*Décret du 4 juillet* 1806, *art.* 2.)

127. L'acte dressé en pareille circonstance, ne sera pas couché sur le registre des naissances, mais bien sur celui des décès, avec les formalités indiquées au n° 409. —Voy. l'exemple XXXV.

SECTION III. — Des enfans trouvés ou exposés.

128. Toute personne, qui a trouvé un enfant *nouveau-né, exposé* où *abandonné*, est obligée de le remettre immédiatement à l'Officier de l'état civil de la commune où elle l'a trouvé. (*Art.* 58, *C. c.*)

129. Faute de faire cette remise, elle est passible d'un emprisonnement de six jours à six mois, et d'une amende de 16 fr. à 300 fr. (*Art.* 347, *C. p.*)

130. En faisant la remise de l'enfant à l'Officier de l'état civil, la personne qui l'a trouvé doit remettre également les vêtemens et autres objets trouvés avec lui, et

déclarer toutes les circonstances du temps et du lieu où il a été découvert. (*Art.* 58, *C. c.*)

131. L'Officier de l'état civil dresse immédiatement un acte dans lequel, outre les formalités générales indiquées au n° 84 , il consigne :

Les nom, prénoms, âge, profession et domicile de la personne qui lui a remis l'enfant ;

Ses déclarations sur le jour, l'heure, le lieu et les autres circonstances de sa découverte ;

Le sexe de l'enfant ;

Son âge apparent ;

Les *marques* naturelles et les *difformités* de nature à le faire reconnaître ;

La description exacte et détaillée des vêtemens, bijoux , papiers et autres objets *quelconques,* trouvés avec lui ;

Les noms *qu'il* donne à l'enfant ; — Voy. n° 133.

La personne à qui il le confie. (*Art.* 58 , *C. c.* — *Loi du* 20 *septembre* 1792, *tit.* 3, *art.* 9.) — Voy. n° 134, 135 , 136).

132. Cet acte est dressé dans la forme ordinaire des actes de naissance, en présence de deux témoins , et couché sur les deux registres des naissances. (*Art.* 58, *C. c.*) — Voy. l'exemple VI.

133. En donnant un nom à l'enfant trouvé , l'Officier de l'état civil doit éviter de choisir un nom de famille, et se borner à le désigner par un ou plusieurs prénoms.

134. Lorsque la personne qui a trouvé l'enfant consent à s'en charger, elle n'est pas obligée de *le remettre* à l'Officier de l'état civil ; mais elle doit toujours le lui représenter et lui faire toutes les déclarations mentionnées aux n° 130 et 131. (*Art.* 347 , *C. p.*)

Elle doit en même temps lui remettre les objets trouvés avec l'enfant. L'Officier de l'état civil les met sous
le scellé et les garde en dépôt à la mairie, afin qu'ils
puissent, dans la suite, servir aux parens à rechercher et
à reconnaître leur enfant (1).

135. L'acte dressé dans ce cas énonce l'obligation

---

(1) Le scellé est une formalité qui a pour but de mettre un objet
sous la main de la justice ou de l'autorité publique.

Cette *formalité* consiste à renfermer l'objet qu'on veut mettre sous le
scellé, dans un appartement, une armoire, une caisse, un coffre,
un sac, une enveloppe quelconque, ou à l'entourer d'un cordon, d'une
bande de papier ou de toile, et à placer au-dessus le sceau du fonctionnaire qui met le scellé, de telle façon que l'objet ne puisse être
enlevé, changé, dénaturé ou altéré, sans que le sceau soit rompu.

Pour les portes, les fenêtres, les caisses, les coffres et tout ce qui
se ferme par une clef ou par un loquet, on place une bande de papier
sur les serrures ou les loquets, on la fixe à chacune de ses extrémités
par l'empreinte du sceau, et le fonctionnaire public qui appose le
scellé, écrit sur cette bande les mots : *Ne varietur* ou *Respect à la loi,*
ou tous autres analogues indiquant un acte de l'autorité publique, et
il signe cette indication.

Sur les autres enveloppes, on place l'empreinte du sceau aux extrémités du papier, des cordes, cordons, rubans ou bandes qui les
retiennent et les fixent. La signature du fonctionnaire et les mots
indiquant le scellé se mettent sur l'enveloppe même, si elle est susceptible de recevoir l'écriture, sinon sur un morceau de papier qu'on
y adapte, toujours sous l'empreinte du sceau.

Lorsqu'il s'agit d'une chose déposée entre les mains d'un fonctionnaire, ou saisie en vertu de la loi, le scellé doit porter, outre la signature du fonctionnaire, celle de la personne qui fait le dépôt, ou entre
les mains de qui la chose est saisie, et celle des témoins de l'acte ou
du procès-verbal.

Des peines sévères sont prononcées par les art. 249, 250, 251, 252
et 253 du Code pénal, contre ceux qui brisent les scellés, et contre les
gardiens et dépositaires qui les laissent briser par négligence.

contractée par la personne qui se présente, de se charger de l'enfant et de pourvoir à sa subsistance.

136. Si la personne qui a trouvé l'enfant ne déclare pas qu'elle veut s'en charger, l'Officier de l'état civil le fait transporter dans l'hospice désigné par l'administration pour recevoir ceux de sa commune, et en fait mention dans l'acte. (*Décret du* 19 *janvier* 1811 , *art.* 2 *et* 4.)

137. Lorsqu'un enfant a été exposé dans un hospice, les employés de cet établissement inscrivent sur un registre spécial, un procès-verbal constatant le jour et l'heure de son exposition, son sexe, son âge apparent, la description des marques naturelles, des langes et autres objets déposés avec lui, et de nature à le faire reconnaître. (*Décret du* 19 *janvier* 1811, *art.* 4.)

Un double de ce procès-verbal est transmis à l'Officier de l'état civil, qui le transcrit sur le registre des naissances, à la date du jour où il le reçoit. (*Art.* 58 , *C. c.*)

Ce procès-verbal ainsi transcrit, tient lieu d'acte de naissance.

Titre II.

Des Reconnaissances et Légitimations d'enfans naturels.

—

Chapitre Premier.

Des Reconnaissances.

—

Section Première. — Définitions. — Ce qu'on entend par enfans naturels et par reconnaissance.

138. On appelle *enfans naturels,* ceux qui ne sont pas issus du mariage.

On les appelle aussi enfans illégitim es ou bâtards.

On en distingue trois espèces : 1° les enfans naturels simples ;

2° Les enfans adultérins ;

3° Les enfans incestueux.

139. Les enfans naturels simples sont ceux qui sont issus d'un homme et d'une femme qui n'étaient pas mariés, mais qui auraient pu légalement se marier l'un avec l'autre, au moment de la conception de ces enfans.

140. On appelle enfans naturels adultérins, ou seulement enfans adultérins, ceux dont le père et la mère, ou l'un des deux, étaient, à l'époque de la conception, engagés dans les liens du mariage avec une autre personne.

141. On appelle enfans naturels incestueux, ou seulement enfans incestueux, ceux qui sont issus d'un homme et d'une femme entre qui le mariage est prohibé pour cause de parenté. — Voy. nᵒˢ 193 à 197.

142. Les enfans naturels peuvent être reconnus ou légitimés.

143. La reconnaissance est un acte par lequel un homme se déclare le père, ou une femme se déclare la mère d'un enfant naturel, et dont l'effet est d'attribuer à cet enfant certains droits sur la succession de la personne qui l'a reconnu.

La reconnaissance peut être faite par les mineurs aussi bien que par les majeurs. (*Décis. de la Cour de cassation, du 22 juin* 1813 *et du* 4 *novembre* 1835.)

144. Il n'est permis de reconnaître que les enfans naturels simples.

La reconnaissance des enfans adultérins ou incestueux est interdite. (*Art.* 335 , *C.c.*)

145. Ainsi, si quelqu'un se présentait devant l'Officier de l'état civil pour faire la reconnaissance d'un tel enfant, il devrait refuser de la recevoir.

146. Mais il ne peut se constituer juge de la question de savoir si l'enfant est adultérin ou incestueux. Il faut que le fait de l'adultère ou de l'inceste résulte de la déclaration elle-même , de la *qualité* de la personne qui la fait, et de sa position légale au moment de la conception.

147. Lorsque la mère est mariée, l'enfant est censé de plein droit légitime , c'est-à-dire, *issu* de son mari. (*Art.* 312 *du C. c.*)

Un autre homme ne peut être admis , soit dans l'acte de naissance, soit dans l'acte de reconnaissance, à déclarer que cet enfant est de lui.

L'Officier de l'état civil ne peut l'inscrire autrement que comme légitime, quand même on lui déclarerait , ou qu'il saurait , ou soupçonnerait qu'il est adultérin ou incestueux ; sauf au mari ou à ses héritiers à contester la légitimité de l'enfant dans les cas prévus par la loi. (*Art.* 312 *à* 318, *C. c.*)

148. Lorsque la mère n'est pas mariée, la reconnaissance du père ne doit être admise qu'autant que celui qui se déclare tel, n'était pas lui-même marié au moment

de la conception de l'enfant, et qu'il n'est pas parent de la mère à un degré prohibé.

Section Troisième. — A quelle époque la Reconnaissance peut être faite.

149. Il n'y a aucun délai fixé pour faire la reconnaissance : elle peut avoir lieu non-seulement pendant toute la vie de l'enfant, mais même après sa mort (1).

150. On peut aussi reconnaître un enfant qui n'est pas encore né, mais qui est déjà conçu. (*Analogie des art.* 725, 906, *C. c.*)

Section IV. — Formes de la reconnaissance. — Énonciations et transcriptions des actes qui la constatent.

151. La reconnaissance peut être faite de trois manières :

1° Dans l'acte de naissance même ;

2° Par une déclaration postérieure devant l'Officier de l'état civil ;

3° Par tout autre acte authentique, tel qu'une déclaration devant notaire ou un testament.

152. Dans tous les cas, excepté celui où elle est consignée dans un testament, elle peut être faite, soit par le père ou la mère en personne, soit par un procureur fondé spécial. — Voy. n° 60.

153. Si elle est faite dans l'acte de naissance, cet acte est rédigé dans la forme ordinaire. — Voy. n°ˢ 84 et 109.

_____

(1) Tous les auteurs ne sont pas d'accord sur la validité de la reconnaissance d'un enfant naturel faite après sa mort. Mais, dans le doute, l'Officier de l'état civil ne peut pas refuser de la recevoir.

On doit seulement y mentionner de plus l'aveu formel de paternité, fait par le père en personne ou par son procureur-fondé. — Voy. l'exemple VIII.

154. Si la reconnaissance est faite postérieurement à l'acte de naissance, l'acte doit contenir, outre les énonciations générales indiquées au n° 84 :

1° Les nom, prénoms, âge, profession et domicile de la personne qui fait la reconnaissance;

2° Sa déclaration expresse qu'elle se reconnaît *père* ou *mère* de l'enfant ;

3° Le sexe de cet enfant ;

4° Le jour, l'heure et le lieu où il est né;

5° La date de son acte de naissance, s'il a été inscrit, ou celle de l'acte constatant son exposition, ou l'énonciation que sa naissance n'a pas été constatée ;

6° Les nom et prénoms sous lesquels il a été inscrit, ou ceux qu'on veut lui donner; — Voy. n°° 117, 118, 119.

7° L'indication des marques particulières qu'il avait et de toutes les circonstances propres à constater son identité, lorsque la reconnaissance a pour objet un enfant trouvé, ou exposé dans un hospice; —Voy. n°° 131 et 137.

8° Les nom, prénoms, âge, profession et domicile de la personne avec qui le déclarant a eu cet enfant, s'il veut la faire connaître, et *s'il le peut*, d'après les règles tracées aux n°° 112, 113, 115, 144, 148. — Voy. les exemples IX, X, XI.

155. Si la reconnaissance a pour objet un enfant conçu, mais non encore né, les énonciations indiquées aux paragraphes 2, 3, 4, 5, 6, 7 du n° précédent, sont remplacées par les suivantes:

1° Les nom, prénoms, âge, profession et domicile de celui qui fait la reconnaissance ;

2° Les nom, prénoms, âge, profession et domicile de la femme enceinte;

3° La déclaration du comparaissant, qu'il se reconnaît père de l'enfant dont elle est enceinte.

La femme peut intervenir dans cet acte et concourir à la déclaration, auquel cas on l'énonce. — Voy. l'ex. XII.

156. Les actes de reconnaissance reçus par l'Officier de l'état civil, doivent, comme ceux de naissance, être faits en présence de deux témoins. (*Induction des art. 56 et 60 du C. c.*)

157. Ils sont inscrits sur le registre des naissances, à la date du jour où se fait la reconnaissance, et il en est fait mention en marge des actes de naissance des enfans reconnus, lorsqu'ils ont été inscrits. (*Art. 62, C. c.*)

158. Si la reconnaissance est faite par déclaration devant notaire, ou par testament, ou par tout autre acte authentique, l'Officier de l'état civil se borne à transcrire cet acte, lorsqu'il en est requis, sur le registre des naissances, à la date du jour où il lui est présenté, et à en faire mention en marge de l'acte de naissance, s'il en existe un. (*Induction par analogie de l'art. 62, C. c.*) (1)

159. Le procès-verbal de transcription doit contenir:

1° L'année, le jour et l'heure de la réquisition adressée à l'Officier de l'état civil;

2° Les nom, prénoms, âge, profession et domicile de la personne qui demande l'inscription de l'acte;

-----

(1) La loi n'exige pas, pour la validité d'une telle reconnaissance, qu'elle soit transcrite sur les registres de l'état civil. Mais si la transcription est demandée par les parties intéressées, on pense qu'elle ne doit pas être refusée.

3° L'énonciation de sa réquisition et de la remise qu'elle fait de l'expédition ou de la copie de l'acte;

4° La date, la nature de cet acte, et l'indication du fonctionnaire qui l'a reçu;

5° La mention de sa transcription immédiate en présence du requérant;

6° La copie littérale de cet acte;

7° Mention de la lecture faite au requérant du procès-verbal de transcription;

8° La signature du requérant et de l'Officier de l'état civil. — Voy. l'exemple XIV.

160. Il n'est pas nécessaire que cette transcription soit faite en présence de témoins.

161. L'expédition ou la copie de l'acte transcrit doit être laissée entre les mains de l'Officier de l'état civil, et réunie aux autres pièces qui demeurent annexées aux registres. — Voy. nᵒˢ 80, 81, 82.

162. Les reconnaissances d'enfans naturels, faites dans les cas et dans les formes ci-dessus indiqués, sont soumises à un droit d'enregistrement de 5 fr. 50 c., excepté quand il s'agit d'indigens. (*Loi du* 28 *avril* 1816, *art.* 45, *n°* 7. — *Loi du* 15 *mai* 1818, *art.* 77.)

L'enregistrement n'a lieu que sur l'expédition de l'acte. (*Loi du* 22 *frimaire an VII, art.* 7. — *Décis. du Ministre des Finances, du* 5 *août* 1816. — *Journal de l'enregistrement, n°* 5,517.)

En conséquence, lorsque l'expédition est demandée pour la première fois au secrétaire de la mairie, il doit exiger qu'on lui remette la somme nécessaire pour l'enregistrement, et présenter cette expédition au bureau d'enregistrement du canton. Ensuite, il doit énoncer, en marge de l'acte, qu'il en a été délivré expédition enregistrée, et y copier la mention de l'enregistrement telle qu'elle est portée sur l'expédition. (*Décis. du Ministre des Finances, du 8 juin 1821.— Journ. de l'enregist.*, *n° 6,977*.) Sans cette précaution, on serait obligé de payer de nouveau le droit d'enregistrement, lorsqu'on demanderait une autre expédition de l'acte.

Lorsqu'il est ultérieurement délivré expédition d'un acte de reconnaissance déjà enregistré et expédié, la nouvelle expédition doit faire mention de la première et de son enregistrement.

Enfin, lorsque l'expédition est délivrée à des personnes indigentes, l'Officier de l'état civil doit attester leur indigence par une énonciation insérée à la suite de l'expédition.— Voy. en outre le n° 171.

CHAPITRE II.

De la Légitimation.

—

SECTION PREMIÈRE. — Définition.

163. La légitimation est un acte par lequel le père et la mère d'un enfant naturel lui confèrent la qualité et les droits d'un enfant légitime.

SECTION II. — Quels enfans peuvent être légitimés.

164. La légitimation ne peut, ainsi que la reconnaissance, avoir lieu qu'en faveur des enfans naturels simples ; elle est prohibée à l'égard des enfans adultérins ou incestueux. (*Art.* 331, *C. c.*)

165. Elle peut avoir lieu, non-seulement au profit

des enfans vivans, mais même au profit des enfans décédés qui ont laissé des descendans. (*Art.* 332, *C. c.*)

166. Elle peut aussi avoir lieu au profit d'un enfant
qui n'est pas encore né, mais qui est conçu. (*Arg. des
art.* 725 et 906, *C. c.*).

SECTION III. — Formes de la Légitimation.

167. La légitimation s'opère par le mariage subséquent
du père et de la mère de l'enfant naturel. (*Art.* 331,
C. c.)

168. Pour que le mariage subséquent du père et
de la mère produise la légitimation, il faut ou que
l'enfant naturel ait été reconnu par eux avant le mariage, dans la forme indiquée aux n°ˢ 151 et 152, ou
qu'ils le reconnaissent dans l'acte même de célébration
du mariage. (*Art.* 331, *C. c.*)

Elle n'est pas soumise à d'autres formalités.

Lorsque la reconnaissance a été faite par acte authentique avant le mariage, la légitimation s'opère de plein
droit, sans qu'il soit rigoureusement nécessaire de rappeler l'acte de reconnaissance dans l'acte de mariage;
mais il est convenable de l'y énoncer, ainsi qu'il est dit
au n° 383.

169. Lorsque la reconnaissance est faite pour la première fois dans l'acte de mariage du père et de la mère,
on insère dans cet acte, dont les formalités ordinaires
sont tracées au n° 377 :

1° La déclaration que les deux futurs reconnaissent
l'enfant pour être né de *leurs œuvres;*

2° Le sexe de cet enfant;

3° Le jour , l'heure et le lieu de sa naissance ;

4° La date de l'acte de naissance dans lequel il a été inscrit , s'il en existe un :

5° Les nom et prénoms sous lesquels il a été inscrit ;

6° Ceux des père et mère ou du père et de la mère déclarés dans l'acte de naissance ;

7° L'indication des marques particulières qu'il avait, et de toutes les autres circonstances propres à constater l'identité , lorsqu'il s'agit d'un enfant trouvé ou exposé dans un hospice. — Voy. l'exemple XXVIII.

170. Lorsque l'enfant n'est pas encore né , l'on se borne à ajouter aux énonciations de l'acte de mariage, que les deux futurs reconnaissent pour être le fruit de leurs œuvres, l'enfant dont la future est enceinte.—Voy. n° 383.

171. Les reconnaissances d'enfans naturels , faites pour la première fois dans les actes de mariage , sont soumises à un droit d'enregistrement de 2 fr. 20 c. (*Loi du 28 avril 1816 , art. 43 , n°* 22 *et* 77.)

Cet enregistrement n'a lieu que sur l'expédition , et doit être fait et mentionné dans les formes indiquées au n° 162.

A défaut d'accomplissement de ces formalités , tant dans le cas prévu par le présent n° , que dans le cas prévu par le n° 162 , les secrétaires des mairies sont passibles d'une amende égale au montant du droit d'enregistrement et du paiement de ce droit, sauf leur recours, *pour ce droit seulement*, contre la personne à qui l'expédition a été délivrée. (*Loi du 22 frimaire an VII, art.* 29, 30, 36.)

Ce qui a été dit, au n° 162, de la dispense d'enregistrement en faveur des indigens , et de la forme dans laquelle l'indigence doit être constatée, est applicable aux reconnaissances faites pour la première fois dans l'acte de mariage.

Titre III.

De l'Adoption.

———

SECTION PREMIÈRE. — En quoi consiste l'Adoption.

172. L'adoption est un contrat par lequel un individu de l'un ou de l'autre sexe, âgé de plus de 50 ans, n'ayant ni enfans, ni descendans légitimes, confère le titre et tous les droits d'un enfant légitime à un autre individu âgé de plus de 21 ans et ayant 15 ans de moins que l'adoptant.

173. Les conditions et les formes de l'adoption sont réglées par les art. 343 à 367 du Code civil, et les Maires n'ont pas à s'en occuper. Il suffit pour eux de savoir qu'elle s'opère ou par autorité de justice, ou par testament. (*Art.* 353 *à* 360 *et* 366, *C. c.*)

SECTION II. — Formes de sa transcription sur les registres de l'état civil.

174. Lorsque l'adoption a été faite en justice, elle doit être inscrite, dans les trois mois de la décision définitive, qui est un arrêt de Cour royale, sur les registres de l'état civil du domicile de l'adoptant, à sa réquisition ou à celle de l'adopté. (*Art.* 359, *C. c.*)

175. Cette inscription se fait sur le registre des naissances, à la date du jour où elle est requise (*Instr.*

du Ministre de l'Intérieur , du 3 nivôse an IX), et il
est bon d'en faire mention en marge de l'acte de naissance de l'adopté, lorsque cet acte est au pouvoir de
l'Officier de l'état civil qui a fait la transcription.

176. La personne qui la requiert , doit remettre à
l'Officier de l'état civil : 1° l'expédition *de l'acte d'adoption* passé devant le Juge de paix du domicile de l'adoptant, conformément à l'art. 353 du Code civil ;

2° L'expédition de l'arrêt de la Cour royale qui admet
l'adoption.

Ces expéditions restent annexées aux registres. — Voy.
n°ˢ 80, 81 , 82.

177. Quoique la loi déclare que l'adoption reste sans
effet , si elle n'est inscrite dans les trois mois , à dater de
l'arrêt qui l'a admise, l'Officier de l'état civil ne doit pas
refuser de l'inscrire après ce délai ; sauf aux parties intéressées à se prévaloir de ce retard , ainsi que de droit.

178. Immédiatement après que la réquisition lui en
a été faite et que les pièces lui ont été remises , l'Officier
de l'état civil dresse le procès-verbal d'inscription , qui
doit contenir :

1° L'année , le jour et l'heure où la demande de transcription est faite ;

2° Les nom, prénoms, âge, profession et domicile de
la personne ou des personnes qui la demandent (*L'adoptant , ou l'adopté , ou tous les deux , ou un procureur-fondé en leur nom*) ;

3° L'énonciation de leur réquisition , et la déclaration
de l'Officier de l'état civil qu'il y fait droit ;

4° La copie de l'acte d'adoption et de l'arrêt de la
Cour qui l'autorise ;

5° La mention de la lecture faite aux requérans du procès-verbal d'inscription;

6° La mention de la signature de l'Officier de l'état civil et des requérans, ou de la cause qui empêche ces derniers ou l'un d'eux de signer. — Voy. l'exemple XV.

179. La loi n'exige pas que cet acte de transcription soit fait en présence de témoins.

180. Lorsque l'adoption a été faite par testament, la loi n'ordonne pas qu'elle soit inscrite sur les registres de l'état civil. Mais, si l'adoptant et l'adopté, ou l'un des deux, en demandent l'inscription, l'Officier de l'état civil ne peut refuser de la faire.

181. Il doit alors lui être remis une expédition du testament, qui demeure annexée aux registres, après avoir été paraphée par les personnes qui requièrent l'inscription et par l'Officier de l'état civil, ainsi qu'il est dit aux n°˙ 80, 81 et 82.

182. L'acte qu'il dresse, dans cette circonstance, doit contenir les énonciations énumérées au n° 178, sauf que, au lieu de l'arrêt et de l'acte du Juge de paix, il mentionnera le testament.

QUATRIÈME PARTIE.

—

Titre Premier.

Prohibitions et empêchemens au mariage. — Conditions requises pour être admis à le contracter. — Formalités préliminaires à remplir.

—

183. Avant de procéder à la célébration d'un mariage, l'Officier de l'état civil doit s'assurer que les futurs réunissent toutes les conditions exigées par la loi; qu'ils ne sont dans aucun cas de prohibition ou d'empêchement légal, et qu'ils ont rempli toutes les formalités préliminaires à la célébration du mariage.

CHAPITRE PREMIER.

Des Prohibitions et Empêchemens.

—

SECTION PREMIÈRE. — Mort civile.

184. Ne peuvent être admis à contracter mariage les individus condamnés aux travaux forcés à perpétuité ou à la déportation. (*Art.* 22 *et* 25 *, C. c. — Art.* 18 *, C. p.*)

Ces individus sont *morts civilement.*

La *mort civile* est l'état de celui qui, quoique vivant, est considéré comme mort, relativement à l'exercice de ses droits civils, par suite d'une condamnation judiciaire à laquelle la loi a attaché cet effet. (*Art.* 22, 23, 24, 25, *C. c.*)

Section II. — Démence.

185. Les individus qui ont été *interdits* pour cause d'imbécillité, de démence ou de fureur, ne peuvent non plus contracter mariage. (*Art.* 146, 174 n° 2, 489, *C. c.*)

L'interdiction est l'état d'un individu majeur à qui l'on a enlevé l'exercice de ses droits civils, et nommé un tuteur, parce qu'il ne jouit pas de la plénitude de ses facultés intellectuelles.

Elle ne peut résulter que d'un jugement ou d'un arrêt.

186. Quand même l'interdiction n'aurait pas encore été prononcée en justice, si la folie était de notoriété publique, ou que la procédure en interdiction eût été commencée, l'Officier de l'état civil devrait surseoir à la célébration du mariage et en référer au Procureur du Roi. (*Conséq. de l'art.* 174 n° 2, *C. c.*)

Section III. — Impossibilité physique de manifestation de volonté.

187. Le mariage est également interdit à toute personne qui, par suite de quelque infirmité physique, ne peut manifester sa volonté. (*Art.* 146, *C. c.*)

Ainsi un sourd-muet, qui ne saurait pas écrire et qui n'aurait aucun autre moyen de faire clairement comprendre sa volonté à l'Officier de l'état civil, ne pourrait être admis à se marier. (*Décis. du Ministre de la Justice, du* 21 *juin* 1809.)

SECTION IV. — Prêtrise.

188. La question de savoir si un prêtre peut se marier est très·controversée et n'a pas encore reçu de solution définitive. En conséquence, lorsqu'un homme engagé dans les ordres sacrés se présente pour contracter mariage, l'Officier de l'état civil doit s'abstenir d'y procéder, jusqu'à ce que les Tribunaux aient prononcé. (*Inst. du Ministre de la Justice, du 27 janvier* 1831.)

SECTION V. — Mariage préexistant.

189. On ne peut contracter un second mariage avant la *dissolution* du premier. (*Art.* 147 , *C. c.*)

La dissolution du mariage s'opère, 1° par la mort naturelle de l'un des époux; 2° par sa condamnation *devenue définitive* à une peine emportant *mort civile.* (*Art.* 227, *n*° 3, *C. c.*) — Voy. le n° 184. (1)

190. Les femmes ne peuvent se remarier qu'*après dix* mois révolus depuis la *dissolution* du mariage *précédent.* (*Art.* 228, *C. c.*)

191. L'Officier de l'état civil qui procéderait à la célébration du mariage d'une personne qu'il saurait être encore engagée dans les liens d'un autre mariage, serait

(1) Quelques auteurs soutiennent que le mariage , bien que dissous par la mort civile, quant à tous ses effets civils, continue à subsister comme lien, et que l'époux du condamné n'est pas autorisé à contracter un nouveau mariage. Quoique cette opinion soit contraire au texte de la loi, il suffit qu'une controverse s'élève, pour que, dans une matière aussi grave , l'Officier de l'état civil ne doive pas prendre sur lui de trancher la difficulté. En conséquence , si l'époux d'une personne condamnée à une peine emportant mort civile, se présente pour se remarier, il doit en référer au Procureur du Roi et attendre ses instructions.

passible de la peine des travaux forcés à temps. (*Art.*
340, *C. p.*)

192. L'Officier de l'état civil qui célébrerait le mariage
d'une veuve, avant le terme indiqué au n° 190, serait
passible d'une amende de 16 fr. à 300 fr. (*Art.* 194, *C. p.*)

Section VI. — Parenté.

§ I. — *Prohibitions absolues.*

193. Le mariage est prohibé, en premier lieu, entre
les ascendans et les descendans légitimes ou naturels et
les alliés aux mêmes degrés. (*Art.* 161, *C. c.*)

Les personnes dont un individu est issu, sont appelées
ses *ascendans ;* celles qui sont issues de lui, sont appelées ses *descendans.*

Ainsi, le père, la mère, le grand-père, la grand'mère,
le bisaïeul, la bisaïeule, etc., sont des ascendans.

Le fils, la fille, le petit-fils, la petite-fille, l'arrière-
petit-fils, etc., sont des descendans.

Les alliés aux degrés d'*ascendans* sont, par exemple,
le beau-père, la belle-mère, etc.

Les alliés aux degrés de *descendans* sont le gendre,
la belle-fille, etc.

194. Le mariage est prohibé, en second lieu, entre
frères et sœurs *légitimes* ou *naturels.* (*Art.* 162, *C. c.*)

195. En ce qui concerne la parenté civile, résultant
de l'adoption, le mariage est prohibé seulement entre
l'adoptant, l'adopté et ses descendans ;

Entre les enfans adoptifs du même individu ;

Entre l'adopté et les enfans qui pourraient survenir à
l'adoptant ;

Entre l'adopté et le conjoint de l'adoptant , et réciproquement entre l'adoptant et le conjoint de l'adopté.
(*Art.* 348, *C. c.*)

196. Les prohibitions énoncées aux trois n°° précédens
sont absolues , c'est-à-dire qu'aucune autorité n'a le
droit de les lever.

§ I I. — *Prohibitions qui peuvent être levées. — Cas et formes*
des dispenses.

197. Le mariage est prohibé troisièmement entre le
beau-frère et la belle-sœur; (*Art.* 162 , *C. c.*)
L'oncle et la nièce, la tante et le neveu; (*Art.* 163,
C. c.)
Le grand-oncle et la petite-nièce, la grand'tante et le
petit-neveu. (*Avis du Conseil-d'État, du 7 mai 1808.*)
Ces deux dernières prohibitions ne s'étendent pas aux
alliés aux mêmes degrés , c'est-à-dire aux oncles et
tantes , nièces et neveux par alliance. Ainsi , un neveu
peut épouser la veuve de son oncle et réciproquement.
(*Décis. du Ministre de la Justice, du 21 février 1815.*)

198. Le Roi peut , *pour des causes graves* , lever les
prohibitions énoncées au n° 197. (*Art.* 164, *C. c. — Loi*
du 16 avril 1832 , art. unique.)
L'autorisation de se marier qu'il accorde à des personnes parentes ou alliées aux degrés prohibés , est
appelée *dispense de parenté.*

199. Les circonstances qui peuvent être prises en con-
sidération pour faire accorder ces dispenses , sont principalement celles qui doivent rendre le mariage profi-
table aux familles et surtout aux enfans nés d'un premier
mariage.

Par exemple, les affections nées des rapports de famille et qui peuvent leur faire retrouver dans un oncle la protection d'un père, dans une tante les soins d'une mère ;

La nécessité d'assurer un état ou des moyens d'existence à l'un des futurs ou aux enfans issus d'un premier mariage ;

Le désir de prévenir des discussions d'intérêt, de mettre fin à un procès, d'éviter des partages désavantageux, de conserver des exploitations ou des établissemens auxquels se rattacheraient des intérêts importans. (*Instr. du Ministre de la Justice, du 10 mai 1824 et du 28 avril 1832.*)

200. Les demandes en dispense de parenté doivent contenir l'exposé détaillé des motifs sur lesquels elles sont fondées, et être signées par les futurs époux et par les parens dont le consentement est requis pour leur mariage. (*Instr. du Ministre de la Justice, du 10 mai 1824 et du 28 avril 1832.*) — Voy. n°° 217, 218, 219, 223, 224, 225, 226, 234, 235, 236, 237, 240 et 241.

201. Il faut joindre à la pétition contenant la demande,

Les actes de naissance des futurs époux, dûment légalisés (Voy. n° 475), ou les actes de notoriété ou jugemens qui en tiennent lieu ; — Voy. n°° 321, 322, 323 et 325.

Les actes de naissance et de mariage, d'où résulte la preuve de la parenté ;

Les actes de naissance des enfans issus d'un précédent mariage, s'il en existe ;

Les actes de décès du premier mari ou de la première femme, si les futurs ou l'un des deux *ont déjà été mariés;(Instr. min. du 10 mai 1824 et du 28 avril 1832.*)

Les actes, certificats ou autres pièces d'où peut résulter la preuve des motifs allégués à l'appui de la demande;

Des certificats d'indigence, quand les parties veulent se dispenser de payer les droits de sceau. — Voy. n° 206.

202. La pétition et les pièces à l'appui sont remises au Procureur du Roi de l'arrondissement dans lequel le mariage doit se célébrer. (*Arrêté du 20 prairial an XI, art. 2.*)

203. Ce magistrat couche son avis au bas de la pétition, et la transmet, avec les pièces, au Procureur général de la Cour du ressort, qui la transmet à son tour avec son avis, au Ministre de la Justice, par qui elle est mise sous les yeux du Roi. (*Instr. minist. précitées.*)

204. Si la demande est rejetée, les parties intéressées en reçoivent avis par l'intermédiaire des mêmes magistrats.

Si elle est accueillie, l'ordonnance du Roi (appelée aussi *lettres-patentes*), qui accorde les dispenses, est couchée d'après les réquisitions du Procureur du roi, et en vertu d'une ordonnance du Président du Tribunal civil, sur un registre tenu exprès au greffe du Tribunal; le greffier en délivre une expédition, qui doit être remise à l'Officier de l'état civil, avant la célébration du mariage (Voy. n°° 80, 81, 82), et l'original de l'ordonnance est rendu aux parties, avec mention de l'enregistrement sur le revers. (*Arrêté du 20 prairial an XI, art. 5. — Instr. minist. du 10 mai 1824 ; circ. du 11 mars 1822.*)

205. Les ordonnances ou lettres-patentes portant dispenses de parenté, sont soumises à un droit d'enregistrement de 40 francs.

Les parties qui les obtiennent, doivent verser en outre dans la caisse du ministère de la Justice, une somme de 200 fr. , pour la rétribution appelée droit de sceau. (*Loi du* 28 *avril* 1816 *, art.* 55.)

206. Les personnes indigentes sont dispensées du paiement de ce droit, en tout ou en partie. (*Circ. du Minist. de la Just., du* 16 *août* 1817 *et du* 10 *mai* 1824. — *Ordonn. du* 22 *octobre* 1820. — *Loi du* 21 *avril* 1832.)

A cet effet, elles doivent joindre à leurs demandes des certificats en forme légale, qui constatent qu'elles ne peuvent payer les droits, soit en totalité, soit en partie. (*Circ. du Minist. de la Justice, du* 16 *août* 1817.)

Section VII. — Oppositions.

Les oppositions étant un autre genre d'empêchement au mariage, ce serait ici le lieu d'en parler. Mais l'enchaînement des dispositions de la loi oblige de renvoyer cette matière après celle des publications. — Voy. nos 297 et suivans.

Chapitre II.

Conditions requises pour pouvoir contracter mariage.

—

Section Première. — Age.

207. Les hommes ne peuvent se marier avant 18 ans *révolus;* les femmes avant 15 ans *révolus.* (*Art.* 144, *C. c.*)

208. Néanmoins le Roi peut, *pour des motifs graves,* leur permettre de se marier avant cet âge. (*Art.* 145, *C. c.*)

La permission qu'il donne à cet effet est appelée *dispense d'âge.*

209. Quoique le Roi puisse accorder cette dispense à quelque âge que ce soit , l'usage constamment observé est de ne pas l'accorder aux hommes avant 17 ans accomplis , et aux femmes avant 14 ans accomplis , à moins qu'elles ne soient devenues enceintes avant cet âge. (*Instr. minist. du 10 mai 1824 et du 28 avril 1832.*)

210. L'usage est aussi de ne pas l'accorder lorsque l'homme est de quelques années plus jeune que la femme. (*Instr. précitées.*)

211. Les motifs qui peuvent faire obtenir les dispenses sont : 1° la grossesse ou l'accouchement de la future ; 2° les circonstances énumérées au n° 199.

212. Les demandes en dispense d'âge doivent être faites dans la même forme que les demandes en dispense de parenté. — Voy. n° 200.

213. Il faut y joindre :

Les actes de naissance des futurs , ou les jugemens ou *actes de notoriété* qui en tiennent lieu ; — Voy. n°ˢ 321, 322 , 323 , 325.

Les actes de décès du premier mari ou de la première femme , lorsque l'un des futurs a déjà été marié ;

Les actes de naissance , de reconnaissance ou de décès de l'enfant ou des enfans issus des futurs , lorsque la demande est motivée sur la *naissance* antérieure d'un ou de plusieurs enfans ;

Lorsqu'elle est motivée sur la grossesse de la future , le certificat d'un médecin , d'un chirurgien ou d'une sage-femme assermentée , attestant *clairement* cette grossesse ;

Lorsque la future n'est ni enceinte, ni mère, un certificat pareil, attestant qu'elle est *nubile* et qu'elle peut se marier sans danger pour sa santé ;

Des certificats ou autres pièces pour établir la preuve des autres motifs sur lesquels la demande peut être fondée, lorqu'elle ne l'est pas sur la grossesse ou l'accouchement ;

Des certificats des autorités compétentes, constatant que les parties ne peuvent pas payer les droits de sceau, ou qu'elles ne peuvent en payer qu'une partie, lorsque elles désirent en être exemptées. — Voy. nᵒˢ 205 et 206.

214. La pétition et les pièces à l'appui sont remises au Procureur du Roi de l'arrondissement dans lequel est domicilié celui des deux futurs qui sollicite les dispenses, et il est procédé et statué, ainsi qu'il est dit aux nᵒˢ 203 et 204. (*Arrêté du* 20 *prairial an XI , art.* 2.)

215. L'ordonnance portant dispense d'*âge* est soumise à un droit d'enregistrement de 20 fr. , et à un droit de sceau de 100 fr. — Voy. n° 205.

Mais les personnes pauvres peuvent en être dispensées en tout ou en partie, ainsi qu'il est dit au n° 206.

SECTION II. — Consentement des parens.

———

Règle générale.

216. Personne , *à quelque âge que ce soit* , ne peut être admis à se marier , sans avoir demandé le consentement de ses *parens.*

L'Officier de l'état civil doit exiger qu'on lui justifie , Ou qu'on l'a obtenu ,

Ou qu'on l'a sollicité avec les formalités requises, lorsqu'on est parvenu à l'âge où il est permis de se marier sans l'avoir obtenu, suivant les distinctions ci-après établies,

Ou que les parens à qui on devait le demander, sont morts, absens, ou incapables de manifester leur volonté.

§ I. — *Consentement requis pour les enfans légitimes.*

217. Le consentement doit être demandé au père et à la mère, quand ils existent.

S'ils ne sont pas d'accord, la volonté du père l'emporte. Son consentement suffit dans le cas où la mère refuse le sien ; et lorsque c'est la mère seule qui veut consentir, il n'y a pas de consentement valable. (*Art.* 148, *C. c.*)

218. Si l'un des deux est mort, ou dans l'impossibilité de manifester sa volonté (Voy. n° 233), il suffit de demander le consentement à l'autre. (*Art.* 149, *C. c.*)

219. Lorsque le père et la mère sont tous les deux morts ou *dans l'impossibilité de manifester leur volonté,* le consentement doit être demandé aux *aïeuls* et aux *aïeules* tant du côté paternel que du côté maternel (*Art.* 150, *C. c.*), et à leur défaut, aux bisaïeuls et bisaïeules.

220. S'il y a dissentiment entre l'aïeul et l'aïeule d'un même côté, la volonté de l'aïeul l'emporte et son consentement suffit. (*Art.* 150, *C. c.*)

221. S'il y a dissentiment entre les deux lignes, ce partage emporte consentement ; en d'autres termes, il suffit du consentement de *l'aïeul* d'une seule ligne, quelle qu'elle soit, ou même de l'aïeule quand l'aïeul est mort,

absent ou incapable de manifester sa volonté. (*Art.* 150, § II , *C. c. — Décision de la Cour de Poitiers, du 8 juillet* 1830. — *Sirey ,* 30-2-239.)

222. S'il n'existe point d'aïeul dans une ligne , ou si les deux aïeuls de la même ligne sont *dans l'impossibilité de manifester leur volonté* (Voy. n° 233), il suffit de demander le consentement aux aïeuls de l'autre ligne, ou à l'un des deux , si l'autre est mort ou dans l'impossibilité de manifester sa volonté. (*Cons. des art.* 140 *et* 150 *combinés.*)

223. Lorsqu'il n'y a ni père ni mère , ni aïeuls , ni aïeules dans aucune ligne, ou qu'ils se trouvent tous *dans l'impossibilité de manifester leur volonté ,* le consentement doit être demandé à un conseil de famille , formé suivant les règles tracées par les art. 407 à 416 du C. c.; mais seulement par les personnes (hommes ou femmes) qui n'ont pas encore 21 ans accomplis. (*Art.* 160 *, C. c.*)

Les tuteurs, ni les parens, autres que ceux qui sont indiqués aux numéros précédens , n'ont le droit de donner ce consentement.

224. Jusqu'à cet âge de 21 ans accomplis, personne ne peut absolument être admis à se marier , sans avoir *obtenu* le consentement de son père et de sa mère , ou de l'un des deux, ou de ses aïeuls et aïeules, ou *du conseil de famille ,* suivant les distinctions énoncées aux n° 217 à 223. (*Art.* 148 *,* 160 *, C. c.*)

225. Les hommes qui ont plus de 21 ans , mais moins de 25 accomplis, ne peuvent également être admis à se marier sans avoir *obtenu* le consentement de leurs pères et mères , ou de l'un d'eux , ou des aïeuls ou aïeules , suivant les distinctions établies dans les numéros 217 à

222 ; mais ils n'ont pas besoin d'avoir obtenu celui du conseil de famille. (*Art.* 148 , 149 , 160 , *C. c.*)

226. Les hommes âgés de plus de 25 ans , et les femmes âgées de plus de 21, peuvent, après avoir demandé le consentement de leurs parens, se marier sans l'avoir obtenu , mais à la charge de remplir les formalités suivantes :

227. Depuis 25 ans jusqu'à 30 pour les hommes, et depuis 21 jusqu'à 25 pour les femmes, il doit être signifié *trois* actes respectueux à celui ou à ceux de leurs parens dont ils sont obligés de demander le consentement, suivant les règles tracées aux n°s 217 , 218, 219.

Il doit y avoir un mois d'intervalle entre chacun de ces actes, et le mariage ne peut être contracté qu'un mois après le dernier des trois. (*Art.* 151 , 152 , *C. c.*)

Bien entendu que si le consentement est donné après le premier ou le second de ces actes , il est inutile d'en faire signifier aucun autre.

228. Après l'âge de 30 ans pour les hommes et de 25 pour les femmes, il suffit d'un seul acte respectueux , et le mariage peut être contracté *un mois après* cet acte. (*Art.* 153 , *C. c.*)

229. On appelle *acte respectueux* un procès-verbal dressé par un notaire accompagné de deux témoins, ou par deux notaires, et dans lequel ces officiers ministériels constatent qu'ils se sont transportés, sur la réquisition du futur ou de la future, au domicile de l'*ascendant* à qui le consentement doit être demandé ; qu'ils lui ont fait connaître le mariage projeté, et qu'ils lui ont demandé respectueusement son consentement ou son conseil.

Il est laissé copie de cet acte à la personne à qui on le

signifie, et si elle y fait une réponse, cette réponse est couchée dans le procès-verbal. (*Art.* 154 , *C. c.*) (1)

230. L'Officier de l'état civil qui aurait procédé à la célébration d'un mariage sans s'être assuré que les futurs ont obtenu le consentement de leurs parens ou du conseil de famille , dans les cas déterminés aux n°ˢ 223 et 224 , serait passible d'une amende de 16 fr. à 200 fr. et d'un emprisonnement de 6 mois à un an. (*Art.* 156 , *C. c. ; art.* 193 , *C. p.*)

231. L'Officier de l'état civil qui aurait procédé à un mariage sans qu'il y eût eu des actes respectueux , dans les cas indiqués aux n°ˢ 226, 227 et 228, serait passible d'un emprisonnement qui ne peut être moindre d'un mois, et d'une amende qui peut s'élever jusqu'à 300 fr. (*Art.* 157 , *C. c.*)

232. Lorsque le père, la mère, les aïeuls et les aïeules sont tous morts ou dans l'impossibilité de manifester leur volonté, les hommes et les femmes, âgés de plus de 21 ans, n'ont besoin, pour se marier, de remplir d'autre formalité que de rapporter la preuve du décès ou de l'impossibilité de manifestation de volonté.

233. Sont considérés comme dans l'impossibilité de manifester leur volonté dans le sens des n°ˢ 218, 219, 222, 223, 232, 236, 238, 240, 241, 337, 338, 340, 341 :

1° Les sourds-muets, qui ne savent ni lire ni écrire ;

2° Les personnes atteintes de toute autre infirmité, qui

(1) Lorsque le consentement a été donné par l'aïeul d'une ligne , on n'a pas besoin de faire signifier un acte respectueux aux aïeuls de l'autre ligne. (*Cour de Poitiers* , 8 *juillet* 1830 ; *Sirey* , 30-2-239.)

ne leur permettrait pas de manifester clairement leur
volonté.

S'il s'agissait seulement d'une maladie passagère , on
ne devrait pas considérer l'impossibilité comme absolue,
et il devrait être sursis à la célébration du mariage, jusqu'à ce que la personne dont le consentement serait
nécessaire fût en état de manifester sa volonté ;

3° Les individus interdits pour cause d'imbécillité ,
de démence ou de fureur; (*Induction de l'art*. 511 *du*
C. c.) — Voy. n° 185.

4° Les individus condamnés à une peine emportant
mort civile, c'est-à-dire, aux travaux forcés à perpétuité
ou à la déportation; (*Art*. 18 , *C. p.*) — Voy. n° 184.

5° Les individus condamnés aux travaux forcés à
temps , à la *détention* ou à la *réclusion ;* mais seulement pendant la durée de leur peine ; (*Induct. des art.*
29 *et* 42 *du C. p. ;* 221 , 509, 511, *C. c.*) (1)

---

(1) Il ne faut pas confondre la *détention* et la *réclusion* avec l'*emprisonnement.*

L'*emprisonnement* est une peine correctionnelle , qui s'applique
aux simples délits, sauf le cas exceptionnel prévu par l'art. 463, C. p.,
et qui n'entraîne pas l'infamie légale. Les individus qui y sont condamnés , sont renfermés dans les prisons correctionnelles du chef-lieu
du département ou de l'arrondissement , lorsque la condamnation ne
s'élève pas à plus d'une année d'emprisonnement. Lorsqu'elle s'élève
à plus d'une année , ils la subissent dans les maisons centrales de détention; mais ils y sont séparés des individus condamnés à la réclusion , et restent libres de choisir le genre de travail auquel ils veulent
être employés. (*Art.* 40 , *C. p.* — *Ordonn. du* 6 *juin* 1830.)

La *réclusion* est une peine afflictive et *infamante.* Elle ne peut
être prononcée que pour *crime.* Les individus qui y sont condamnés
sont renfermés dans les maisons centrales , dans une division séparée
des condamnés correctionnels, et obligés de se soumettre au travail
qu'on leur impose. (*Art.* 7, 21 , 28, 29 , *C. p.*)

6° Les absens. (*Art.* 155, *C. c*)

Dans le langage de la loi on appelle ainsi, non pas les personnes qui ne sont pas présentes dans le lieu de leur domicile ou dans celui de la célébration du mariage, mais celles qui ont disparu, sans qu'on ait de leurs nouvelles et qu'on sache où elles se trouvent. (*Art.* 112, 115, 117, 155, *C. c.*)

Les parens qui seraient simplement absens, mais dont on connaîtrait la résidence, ne seraient pas considérés comme dans l'impossibilité de manifester leur volonté, puisqu'ils pourraient donner leur consentement par un acte authentique passé dans le lieu où ils résident, ou par une procuration, ainsi qu'il sera expliqué aux n° 332, 333.

§ II. — *Consentement requis pour les enfans adoptifs.*

234. Par l'effet de l'adoption, les adoptés ne cessent pas d'appartenir à leur famille naturelle. Ils doivent en conséquence, avant de se marier, demander le consentement de leurs parens naturels, suivant les règles et les distinctions énumérées depuis le n° 216 jusqu'au n° 232, dont toutes les dispositions leur sont applicables malgré l'adoption. (*Cons. de l'art.* 348, *C. c.*)

La loi ne les oblige pas à demander le consentement de leurs pères et mères adoptifs.

La *détention* est aussi une peine afflictive et infamante. Elle ne peut non plus être prononcée que pour *crime*. Les individus qui y sont condamnés sont renfermés dans une forteresse du royaume, et ne peuvent communiquer avec les personnes de l'intérieur ou de l'extérieur, que dans les cas et les formes réglés par ordonnance du Roi. (*Art.* 7, 20, 29, *C. p.*)

§ III. — *Consentement requis pour les enfans naturels reconnus.*

235. L'enfant naturel, qui a été reconnu par son père et par sa mère, doit demander le consentement de l'un et de l'autre. (*Art.* 158, *C. c.*)

En cas de discord entre eux, le consentement du père suffit. (*Art.* 148, *C. c.*) — Voy. n° 217.

236. Si l'un des deux est mort, ou dans l'impossibilité de manifester sa volonté (Voy. n° 233), il suffit de demander le consentement à l'autre. (*Art.* 149, *C. c.*)

237. L'enfant naturel, qui n'a été reconnu que par son père ou par sa mère, ne doit demander le consentement qu'à celui qui l'a reconnu.

238. Lorsque le père et la mère qui l'ont reconnu sont morts ou dans l'impossibilité de manifester leur volonté, l'enfant naturel ne doit pas demander le consentement *aux aïeuls ou aïeules, ni à toute autre personne de la famille de son père ou de sa mère.* (*Art.* 158, *C. c.*)

La loi ne lui attribue d'autres parens que le père et la mère qui l'ont reconnu. (*Art.* 338, 756, 765, 766, *C. c.*)

239. S'il n'a pas encore 21 ans accomplis, il doit demander le consentement à un tuteur, qui lui est nommé *spécialement* pour cet objet, par un conseil de famille (*Art.* 159, *C. c.*) — Voy. n° 223.

240. Jusqu'à cet âge de 21 ans accomplis, les enfans naturels, de l'un et de l'autre sexe, ne peuvent être admis à contracter mariage, sans avoir *obtenu* le consentement du père et de la mère qui les ont reconnus, ou de celui des deux qui les a reconnus, s'ils ne l'ont été que par un seul, ou du tuteur *spécial*, dans le cas où le père et la mère seraient morts ou dans l'impossibilité de manifester leur volonté. (*Art.* 159, *C. c.*)

Les peines mentionnées au n° 23o sont applicables à
l'Officier de l'état civil qui procéderait à la célébration
du mariage d'un enfant naturel de l'un ou de l'autre
sexe, âgé de moins de 21 ans, sans s'être assuré du consentement du père ou de la mère ou du tuteur spécial.

241. L'enfant naturel du sexe masculin, âgé de plus
de 21 ans et de moins de 25, ne peut pareillement
être admis à contracter mariage, sans avoir *obtenu* le
consentement du père et de la mère, ou de celui des
deux qui l'a reconnu. (*Art.* 148 *et* 158, *C. c.*)

Mais s'ils sont morts ou dans l'impossibilité de manifester leur volonté, il peut se marier sans avoir besoin
du consentement d'aucune autre personne, et il lui suffit
de prouver la mort ou l'impossibilité de manifestation
de volonté de l'un et de l'autre. (*Art.* 159, *C. c.*)

242. Le fils naturel, âgé de plus de 25 ans et de moins
de 3o, et la fille naturelle, âgée de plus de 21 ans et de
moins de 25, peuvent contracter mariage sans avoir
obtenu le consentement de leurs père et mère, mais
seulement après avoir fait signifier trois actes respectueux, dans la forme indiquée aux n°° 226, 227, 229,
au père et à la mère, ou à celui des deux qui les a reconnus.

Le mariage ne peut être contracté qu'un mois après
le dernier de ces actes. (*Art.* 148, 151, 152, 158, *C. c.*)

243. Le fils naturel, âgé de plus de 3o ans, et la fille
naturelle, âgée de plus de 25 ans, peuvent être admis
à contracter mariage sans avoir *obtenu* le consentement
de leurs parens, un mois après avoir fait signifier un
acte respectueux à celui des deux qui les a reconnus,
ou à tous les deux, si tous les deux les ont reconnus.
(*Art.* 152, 153, 158, *C. c.*) — Voy. n° 228.

Les peines mentionnées au n° 23o seraient applicables
à l'Officier de l'état civil qui aurait procédé à la célébration du mariage d'un enfant naturel de l'un ou de
l'autre sexe, sans qu'il y eût eu des actes respectueux
dans les cas prévus au présent article et au précédent.

§ IV. — *Consentement requis pour les enfans naturels
non reconnus.*

244. Les enfans naturels (hommes ou femmes) non reconnus, âgés de moins de 21 ans révolus, ne peuvent
être admis à contracter mariage sans avoir *demandé* et
obtenu le consentement d'un tuteur qui leur est nommé
spécialement pour cet objet par un conseil de famille.
(*Art.* 159, *C. c.*)

Comme de tels enfans n'ont point de parens, le conseil
de famille est formé de personnes ayant des relations
d'amitié ou de bienveillance avec eux. (*Induct. de l'art.*
409, *C. c.*)

Les peines mentionnées au n° 23o seraient applicables
à l'Officier de l'état civil qui procéderait à la célébration
du mariage d'un enfant naturel non reconnu, âgé de
moins de 21 ans, sans s'être assuré du consentement
du conseil de famille. (*Art.* 156, 158, *C. c.* ; — *Art.*
193, *C. p.*)

245. Les enfans naturels non reconnus, âgés de plus
de 21 ans, n'ont besoin, pour être admis à se marier,
que de rapporter la preuve de leur âge.

246. Doivent être considérés comme enfans naturels
non reconnus, les enfans naturels adultérins ou incestueux, qui se trouveraient avoir été reconnus dans un
acte authentique, malgré la prohibition de la loi. —
Voy. n° 140, 141, 144, 145, 146, 147, 148.

§ V. — *Consentement requis pour les enfans exposés ou déposés dans un hospice.*

247. Jusqu'à l'âge de 21 ans accomplis, les enfans naturels déposés dans un hospice et qui n'ont point été reconnus, doivent, avant d'être admis à contracter mariage, avoir obtenu le consentement de la commission administrative de cet hospice. (*Conséq. de la loi du* 15 *pluviôse an XIII, combinée avec l'art.* 159, *C. c.*)

Après 21 ans, il leur suffit de rapporter l'acte de naissance ou le procès-verbal d'exposition qui prouve que leurs parens sont inconnus (1).

SECTION III. — Permission spéciale requise pour les militaires.

248. Indépendamment du consentement qu'ils sont obligés de demander à leurs parens, selon les règles ci-dessus tracées, les militaires en activité de service ne peuvent être admis à contracter mariage sans avoir *obtenu* la permission écrite des autorités compétentes.

Cette règle s'applique aux officiers de tout grade, sous-officiers et soldats des armées de terre; (*Décret du* 16 *juin* 1808.)

Aux intendans, sous-intendans et officiers de santé militaires; (*Décret du* 28 *août* 1808.)

---

(1) Quelques auteurs ont émis l'opinion que le consentement de la commission administrative devait être obtenu par les hommes jusqu'à 25 ans. Ils ont ainsi assimilé les droits de cette commission à ceux des pères, mères et autres ascendans. Je crois qu'ils sont dans l'erreur. La loi du 15 pluviôse an XIII confère à l'un des membres de la commission les attributions du *tuteur*, et à la commission, celles du *conseil de famille*. On doit donc décider par analogie, que le consentement de la commission n'est nécessaire que dans les cas où le loi exige le consentement soit d'un tuteur spécial, soit du conseil de famille. Or, elle ne l'exige jamais qu'au-dessous de 21 ans. (*Art.* 158 *et* 159, *C. c.*)

Aux officiers et aspirans de marine; aux officiers, sous-officiers et soldats des troupes appartenant au service de la marine; aux officiers du génie maritime; aux administrateurs de la marine et à tout officier civil de la marine; (*Décret du 3 août 1808, art.* 1 *et* 3.)

Aux officiers de terre ou de mer en disponibilité ou en non activité, autres que les réformés et retraités; (*Ind. d'un avis du Conseil d'État du* 21 *décembre* 1808, *et des art.* 3, 4, 7, 8 *de la loi du* 19 *mai* 1834.)

Aux sous-officiers, caporaux, brigadiers et soldats en congé illimité ou en congé d'un an, et aux jeunes soldats faisant partie du contingent, non encore appelés sous les drapeaux et laissés dans leurs foyers, en vertu de l'art. 29 de la loi du 21 mars 1832. (*Inst. du Ministre de la Guerre, du* 16 *novembre* 1833, *art.* 83, 84, 85, 86, 117.)

249. La permission est accordée par le Ministre de la Guerre, aux officiers, intendans, sous-intendans et officiers de santé des armées de terre. (*Décret du* 16 *juin* 1808, *art.* 1.)

250. Elle est accordée par le Ministre de la Marine aux officiers, aspirans et administrateurs de la marine. (*Décret du 3 août* 1808, *art.* 1.)

251. Néanmoins, les Gouverneurs des colonies ou autres chefs coloniaux peuvent accorder la permission aux officiers placés sous leurs ordres, lorsque les circonstances ne permettent pas d'attendre la permission du Ministre; à la charge de lui en rendre compte par la plus prochaine occasion. (*Décret du 3 août* 1808, *art.* 2.)

252. Les sous-officiers, caporaux, brigadiers et sol-

dats , tant des armées de terre que des armées de mer ,
doivent obtenir la permission du Conseil d'administration de leurs corps , lorsqu'ils sont sous les drapeaux.
(*Décrets du 16 juin 1808, art. 2 , et du 3 août 1808 ,
art. 3.*)

Les sous-officiers , caporaux , brigadiers et soldats en
congé illimité ou en congé d'un an, et les jeunes soldats
faisant partie de la réserve , qui sont entrés dans la dernière année de leur service, doivent obtenir la permission du Maréchal-de-camp ou de l'Officier supérieur
commandant le département. (*Inst. du Ministre de la
Guerre , du 16 novembre 1833 , art. 83, 84 , 85 , 86
et 117.*)

Les hommes faisant partie de la réserve , laissés dans
leurs foyers, qui sont encore soumis au service pour
plus d'une année , doivent obtenir la permission du
Ministre de la Guerre , par l'intermédiaire du Maréchal-
de-camp commandant le département et du Lieutenant général commandant la division. (*Décision du
Ministre de la Guerre , du 4 mars 1837. — Journal
militaire officiel , an 1837 , n° 8 , p. 128.*)

253. Les officiers qui se marieraient sans avoir obtenu
la permission exigée , encourraient la destitution et
la perte de leurs droits à toute pension ou récompense
militaire , tant pour eux que pour leurs veuves et leurs
enfans. (*Décret du 16 juin 1808 , art. 1.*)

254. Les Officiers de l'état civil qui célébreraient *sciem-
ment* le mariage d'un officier , sous-officier ou soldat
des armées de terre ou de mer, sans s'être fait reméttre
la permission exigée , seraient destitués de leurs fonctions. (*Décret du 16 juin 1808, art. 3.*)

255. La permission doit rester annexée à l'acte de

mariage (Voy. n°ˢ 80, 81, 82), également sous peine de destitution contre l'Officier de l'état civil. (*Même décret.*)

SECTION IV. — *Mariage des étrangers.* — *Conditions requises à leur égard.*

256. Les étrangers peuvent contracter mariage en France, soit entre eux, soit avec des français, *pourvu qu'ils réunissent les qualités exigées par la loi française,* et qu'ils remplissent les formalités qu'elle prescrit.

257. Ils doivent en outre, avant d'être admis à la célébration de leur mariage, justifier par des certificats des autorités du lieu de leur naissance, ou de leur dernier domicile dans leur patrie, que, d'après les lois de leur pays, ils sont aptes à contracter mariage avec la personne qu'ils se proposent d'épouser. (*Circulaire du Ministre de la Justice, du 4 mars 1831.*)

CHAPITRE III.

Formalités préliminaires à remplir.

SECTION PREMIÈRE. — Publications.

§ I. — *En quoi elles consistent.* — *Leur nombre.* — *Délais à observer entre elles et le mariage.*

258. Aucun mariage ne peut être contracté sans qu'il ait été précédé de *deux* publications. (*Art.* 63, *C. c.*)

Les publications sont l'annonce publique du mariage qui doit être contracté.

259. Elles sont faites par l'Officier de l'état civil , et indiquent les prénoms, noms , professions et domiciles des futurs époux, leur qualité de *majeurs* ou de *mineurs* (1) , et les noms, prénoms, professions et domiciles de leurs pères et mères. (*Art.* 63., *C. c.*)

260. L'Officier de l'état civil doit faire les publications sur la seule demande des futurs et sur les notes qu'ils remettent. Il ne peut exiger qu'ils produisent , dès ce moment, les pièces justifiant leur capacité et le consentement des personnes sous l'autorité desquelles ils peuvent se trouver placés relativement au mariage. (*Avis du Conseil d'État , du* 30 *mars* 1808.)

Toutefois , lorsqu'il ne connaît pas la personne qui se présente devant lui, il doit s'assurer de son identité , pour éviter qu'on ne lui fasse publier un mariage contre le gré ou l'insu des parties intéressées.

261. Les publications se font devant la porte de la maison commune. (*Art.* 63.)

S'il n'y en a point , elles doivent se faire devant la porte de la maison du Maire , qui tient alors lieu de maison commune.

262. Chacune des deux publications doit être faite un *Dimanche*, et non tout autre jour de la semaine. (*Art.* 63.)

_____

(1) La majorité qu'il faut énoncer dans les publications et les autres actes concernant le mariage , est la majorité ordinaire, qui s'acquiert à 21 ans accomplis , et non la majorité spécialement relative au mariage , qui s'acquiert à l'âge de 25 ans pour les hommes , et de 21 pour les femmes. (*Décis. du Ministre de la Justice , du* 28 *avril* 1836.)

263. Il doit y avoir huit jours d'intervalle entre chacune d'elles, c'est-à-dire que la seconde doit nécessairement être faite le Dimanche qui suit celui où la première a eu lieu.

Si on laissait passer ce Dimanche sans faire la seconde, la première serait comme non avenue, et il faudrait la recommencer. (*Cons. de l'art.* 63.)

264. Pendant les huit jours d'intervalle, entre la première et la seconde publication, un extrait de l'acte de publication (Voy. n° 292) doit *demeurer* affiché à la porte de la maison commune, ou à celle de la maison du Maire, s'il n'y a point de maison commune. (*Art.* 64, *C. c.*)

Cette affiche doit contenir les énonciations indiquées au n° 259, et être sur papier timbré. (*Art.* 12, n° 2, *loi du* 13 *brumaire an VII.*) — Voy. l'exemple XVII.

265. Il n'est dû aucune rétribution à l'Officier de l'état civil pour les publications ni pour les affiches, sauf le remboursement du papier timbré, sauf aussi ce qui sera dit relativement aux certificats de publication et d'affiche. (*Circulaire du Ministre de l'Intér.*, *du* 6 *août* 1807. — *Cons. de l'art.* 4 *du décret du* 12 *juillet* 1807.) — Voy. n° 352.

266. Le mariage ne peut être célébré *avant le troisième* jour, *depuis et non compris* celui de la seconde publication. (*Art.* 64, *C. c.*)

Ainsi, la publication devant toujours être faite un Dimanche, le mariage ne peut jamais être célébré avant le mercredi qui suit la dernière publication.

267. Si, après que le mariage a été publié et affiché, les futurs laissent s'écouler un an depuis le troisième

jour après la dernière publication, sans faire célébrer leur mariage , les publications déjà faites ne peuvent plus leur servir. Il doit en être fait deux autres , dans les formes et avec les délais tracés aux n°s 261 , 262 , 263 , 264 , 266. (*Art*. 65 , *C. c.*)

§ II. — *Dispense de la seconde publication.*

268. Les futurs peuvent être dispensés, pour des causes graves , de la seconde publication. (*Art*. 169 , *C. c*.)

Ces causes sont, par exemple , une maladie qui pourrait faire craindre que l'un des futurs ne mourût dans l'intervalle des deux publications ;

La nécessité urgente où ils seraient de s'absenter sans aucun retard, etc.

269. Les dispenses sont accordées , au nom du Roi, par le Procureur du Roi près le Tribunal de première instance dans l'arrondissement duquel les futurs se proposent de faire célébrer leur mariage. (*Arrêté du 20 prairial an XI , art.* 3.)

· En conséquence , les personnes qui veulent les obtenir , doivent adresser à ce magistrat une pétition sur papier timbré, énonçant les motifs d'urgence à raison desquels la dispense est demandée.

270. Si la dispense est accordée , l'acte qui la contient est déposé au secrétariat de la commune où le mariage sera célébré.

Le secrétaire en délivre une expédition, dans laquelle il est fait mention de ce dépôt.

Cette expédition est remise à l'Officier de l'état civil, et doit rester annexée à l'acte de mariage. (*Arrêté du 20 prairial an XI , art.* 4.) — Voy. n°s 80 , 81 , 82.

271. Sur le vu de la dispense accordée par le Procureur du Roi, l'Officier de l'état civil peut procéder à la célébration du mariage, le troisième jour après une *seule* publication, faite et affichée dans la forme indiquée aux n°° 259, 261, 262, 264. (*Conséq. des art.* 64 *et* 169, *C. c.*)

§ III. — *Lieux où les publications doivent être faites.*

272. Les deux publications doivent être faites et affichées, 1° dans la commune du *domicile* de *chacun* des futurs; (*Art.* 166, *C. c.*)

2° Dans la commune où sont domiciliées les personnes sous l'autorité desquelles ils peuvent se trouver placés relativement au mariage.

La première de ces deux règles est expliquée dans les n°° 273 à 281; la seconde est développée dans les n°° 281 à 291.

273. Le domicile de chaque personne est dans le lieu où elle a son principal établissement. (*Art.* 102, *C. c.*)

274. Relativement au mariage, les futurs sont considérés comme domiciliés dans le lieu qu'ils habitent *d'une manière continue*, depuis six mois au moins. (*Art.* 74, *C. c.*)

Ainsi, c'est d'abord dans ce lieu que les publications doivent être faites et affichées.

275. Elles doivent l'être, en outre, à la municipalité de l'ancien domicile des futurs, lorsque leur domicile dans le lieu qu'ils habitent n'est pas établi autrement que par cette résidence continue de six mois. (*Art.* 167, *C. c.*)

276. Les étrangers eux-mêmes, lorsqu'ils n'ont pas acquis de domicile en France, par une habitation de

plus de six mois , sont tenus de faire faire les publications à leur dernier domicile à l'étranger, suivant la forme
usitée dans le pays. (*Avis du Conseil d'État, du* 20
décembre 1823. — *Circulaire du Ministre de la Justice, du* 4 *mars* 1831.)

277. En règle générale , aux yeux de la loi, chacun
conserve son domicile primitif , jusqu'à ce qu'il aille
habiter un autre lieu , avec l'*intention* d'y fixer son
principal établissement.

La preuve de cette intention résulte, soit d'une déclaration faite à la municipalité du lieu que l'on quitte et
de celui où l'on va se fixer , soit des circonstances qui
indiquent que l'on quitte un lieu d'une manière définitive, pour aller s'*établir* et se fixer dans un autre d'une
manière permanente. (*Art.* 103, 104, 105, 106, 107
du C. c.)

278. Si , après avoir résidé pendant six mois dans une
commune , une personne allait habiter dans une autre,
ce ne serait pas le lieu de sa précédente résidence qu'on
devrait considérer comme son ancien domicile , mais
la commune où elle avait antérieurement son domicile
légal , d'après les définitions données aux n°° 273 et 277.

279. Les militaires en activité de service doivent faire
faire les publications et affiches de leurs mariages à la
municipalité du domicile qu'ils avaient avant leur entrée
au service.

A défaut d'établissement fixe antérieur à cette époque,
leur domicile est dans le lieu où ils sont nés. (*Instruct.
du Ministre de la Guerre.*)

280. Ils doivent les faire faire, en outre, dans la
commune où ils se trouvent, s'ils y résident d'une ma-

nière continue depuis plus de six mois. (*Art.* 74 , 166, 167, *C. c.*)

281. La seconde règle tracée dans le n° 272, n'est applicable qu'aux hommes qui ont moins de 25 ans , et aux femmes qui ont moins de 21 ans. Ceux-là seuls sont sous l'autorité de leurs parens , relativement au mariage. Ils doivent, outre les publications et affiches faites dans leur propre domicile , faire publier et afficher le mariage dans la commune du domicile de leurs pères et mères , s'ils existent, ou dans celle du domicile de leurs aïeuls et aïeules, tant du côté paternel que du côté maternel , lorsque leurs pères et mères sont morts ou absens. (*Art.* 168 , *C. c.* — *Décis. du Ministre de la Justice , du 26 mai* 1820.)

282. Cette règle doit être observée même lorsque le père ou la mère , les aïeuls ou les aïeules du futur âgé de moins de 25 ans, ou de la future âgée de moins de 21 ans , sont domiciliés dans un pays étranger. Les publications doivent y être faites suivant la forme usitée dans ce pays, et les futurs doivent remettre un certificat des autorités locales constatant que ces publications ont été faites , ou qu'on y a suppléé , autant que possible , par des formalités équivalentes. (*Avis du Conseil d'État, du* 20 *décembre* 1823. — *Circulaire du Ministre de la Justice, du* 4 *mars* 1831.)

Lorsque, dans les pays étrangers où doivent être faites les publications, il y a des consuls, vice-consuls ou autres agens diplomatiques français, c'est aux consulats ou aux vice-consulats que les publications se font, et elles y sont constatées dans la même forme qu'en France. (*Ordon. du* 23 *octobre* 1833 , *art.* 14, *et du* 26 *octobre de la même année , art.* 8.)

283. S'il n'existe ni père, ni mère , ni aïeuls, ni aïeules d'aucun côté, les futurs , enfans légitimes , n'ont besoin que de faire faire les publications à leur domicile.

Lorsqu'ils ont moins de 21 ans , leur domicile est celui de leur tuteur. (*Art.* 108, *C. c.*)

Dans ce dernier cas, ils ne sont pas obligés de les faire faire dans le lieu où s'assemble le conseil de famille, dont le consentement leur est nécessaire. (*Arrêt de la Cour d'Agen, du* 10 *décembre* 1806.) — Voy. n° 223.

284. Lorsque les futurs sont enfans naturels reconnus, ils doivent faire faire les publications dans la commune du domicile des pères et mères qui les ont reconnus, savoir : les hommes tant qu'ils n'ont pas 25 ans ; les femmes tant qu'elles n'ont pas 21 ans. (*Art.* 168, *C. c.*)

285. Lorsque les parens qui les ont reconnus sont morts ou absens, et que les enfans naturels n'ont pas encore 21 ans , les publications sont faites au domicile du tuteur spécial qui doit consentir à leur mariage , d'après ce qui a été dit au n° 239.

286. S'ils ont plus de 21 ans, il suffit que les publications soient faites à leurs propres domiciles.

287. Les enfans naturels *non reconnus,* âgés de moins de 21 ans , doivent faire faire les publications dans la commune du domicile du tuteur spécial dont le consentement leur est nécessaire, d'après ce qui a été dit au n° 244.

288. Lorsqu'ils ont plus de 21 ans , il suffit des publications faites à leurs propres domiciles.

289. Les publications concernant les enfans naturels déposés ou admis dans un hospice, lorsqu'ils n'ont point

été reconnus, et qu'ils sont âgés de moins de 21 ans accomplis, doivent avoir lieu dans la commune où siége la commission administrative dont le consentement leur est nécessaire. (*Interpr. de l'art.* 168, *C. c.*, *et de la loi du* 15 *pluviôse an XIII.*) — Voy. n° 247.

290. Après 21 ans, il leur suffit de faire faire les publications à leurs propres domiciles.

§ IV. — *Des actes de publication et de leur forme.*

291. Immédiatement après que chaque publication a été faite, l'Officier de l'état civil dresse l'acte destiné à la constater.

292. Cet acte doit énoncer :

La date du jour où il est fait ;

Le nom, les prénoms et la qualité de l'Officier de l'état civil qui a fait la publication et qui la constate ; — Voy. n°° 52, 55, 85, 86, 87, 88, 89.

Les prénoms, noms, professions et domiciles des futurs époux ;

Leur qualité de *majeurs* ou *de mineurs* (1) ;

Les noms, prénoms, professions et domiciles de leurs pères et mères ;

Le jour, le lieu et l'heure où la publication a été faite. (*Art.* 63, *C. c.*) — Voy. l'exemple XVI.

293. Cet acte est inscrit sur un seul registre, ainsi qu'il a été dit au n° 10. (*Art.* 63, *C. c.*)

294. L'Officier de l'état civil n'a pas besoin d'être assisté de témoins pour le rédiger, ni pour faire la publication.

_____

(1) Voy. la note sous le n° 259.

295. Il doit y avoir un acte spécial et séparé pour chaque publication. (*Conséq. de l'art.* 63.)

Il est interdit de les constater toutes deux par un seul acte, ou de se contenter de mentionner l'une par simple énonciation ou par note mise à la suite , ou à la marge de l'autre.

Il est également interdit de constater par un même acte les publications de deux ou plusieurs mariages différens, quoiqu'elles aient été faites le même jour.

296. Chaque acte doit être rédigé, inscrit et signé *le jour même* où la publication a été faite, et porté sur le registre dans l'ordre de sa date. (*Conséq. des art.* 42 *et* 63*, C. c.*) (1)

SECTION II. — Main-levée des oppositions.

297. L'Officier de l'état civil ne peut procéder à la célébration d'un mariage, qu'autant qu'il n'y a point été formé opposition , ou qu'après qu'il a été donné *main-levée* de l'opposition formée. (*Art.* 68 *, C. c.*)

298. L'opposition est un acte par lequel une personne ayant ou *croyant avoir ce droit,* déclare à l'Officier de l'état civil et aux futurs époux qu'elle s'oppose à ce que le mariage projeté soit contracté.

---

(1) Quelques Officiers de l'état civil croient devoir réserver, à la suite de l'acte constatant la première publication, une place pour inscrire la seconde, afin qu'elles ne soient point séparées par les actes relatifs à d'autres mariages. Cette manière de procéder est vicieuse. La loi n'exige pas que les actes de publication concernant le même mariage se suivent immédiatement. Il ne doit jamais être rien laissé en blanc à la suite d'un acte : ils doivent tous être couchés à la suite les uns des autres , dans l'ordre de leurs dates, quelles que soient les personnes auxquelles ils s'appliquent.

Cet acte est fait et signifié par un huissier, qui doit
en laisser copie aux personnes à qui il le signifie.

§ I. — *Par qui l'opposition peut être formée.*

299. Le droit de former opposition au mariage appartient :

1° A la personne déjà mariée avec l'un des futurs; (*Art.*
172, *C. c.*)

2° Au père ;

3° A la mère, lorsque le père est mort, absent, ou dans
l'impossibilité de manifester sa volonté ; —Voy. n° 233.

4° Aux aïeuls ou aïeules, tant du côté paternel que
du côté maternel, lorsque le père et la mère sont morts,
absens, ou dans l'impossibilité de manifester leur volonté. (*Art.* 173, *C. c.*)

Les pères, mères, aïeuls et aïeules peuvent former
opposition pour quelque motif que ce soit, et ne sont
pas même obligés de l'énoncer. (*Art.* 174 et 176, *C. c.*)

300. Lorsque le père, la mère, les aïeuls et les aïeules
sont tous morts, absens, ou dans l'impossibilité de manifester leur volonté, le droit de former opposition appartient également aux frères, aux sœurs, aux oncles,
aux tantes, aux cousins-germains et cousines-germaines,
pourvu qu'ils soient majeurs, enfin au tuteur ou cura-
teur spécialement autorisé par un conseil de famille,
qu'il peut convoquer à cet effet.

Ce droit n'appartient aux personnes énumérées dans
le présent article, que dans les deux cas suivans :

1° Lorsque le consentement du conseil de famille n'a
pas été obtenu, dans le cas où il est requis ; —Voy. n° 223,
224, 239, 240, 244, 247.

2° Lorsque l'opposition est fondée sur l'état de démence du futur époux.

Dans ce dernier cas , l'opposition n'est valable qu'autant que celui ou ceux qui la forment provoquent l'interdiction, et se pourvoient en justice pour la faire prononcer. (*Art.* 174 *et* 175, *C. c.*)

3o1. L'opposition des personnes indiquées au numéro précédent, doit toujours énoncer le motif pour lequel elle est formée. (*Art.* 176, *C. c.*) (1)

§ II. *Formes des oppositions.*

3o2. L'opposition peut être signifiée , soit à l'Officier de l'état civil du lieu où le mariage doit se célébrer , soit à ceux des diverses communes où sont faites les publications , suivant les règles tracées aux n°ˢ 272 , 274 , 275 , 279 , 28o , 281 , 284 , 285 , 287 , 289. (*Induct. de l'art.* 69 , *C. c.*)

3o3. Elle doit l'être en outre et toujours à la personne des futurs époux, ou au moins à leur domicile. (*Art.* 66, *C. c.*)

3o4. Les actes d'opposition doivent énoncer les prénoms, nom, profession et domicile de la personne qui la forme ;

La qualité qui lui donne le droit de la former; — Voy. n°ˢ 299 , 3oo.

_____

(1) Le droit d'opposition attribué aux pères et aux mères existe non-seulement à l'égard des enfans légitimes en faveur des pères et des mères légitimes , mais pareillement à l'égard des enfans naturels, en faveur des pères et des mères qui les ont reconnus. Mais , quant à cette dernière sorte d'enfans , il ne peut y avoir droit d'opposition en faveur des aïeuls , aïeules , frères , sœurs , oncles , tantes ou cousins , puisque , ainsi qu'il a été dit au n° 238 , les enfans naturels n'ont , aux yeux de la loi , d'autres parens que le père et la mère qui les ont reconnus.

Les motifs de l'opposition , lorsqu'elle est formée par une des personnes indiquées au n° 3oo ;

L'élection de domicile faite par l'opposant dans le lieu où le mariage doit être célébré. (*Art.* 176, *C. c.*)

3o5. On appelle *élection de domicile* la désignation d'une personne publique ou privée , chez laquelle peuvent être signifiés les assignations, demandes , jugemens et procès-verbaux d'exécution relatifs à certains actes. (*Art.* 111, *C. c.*)

En matière d'opposition , l'élection de domicile dans le lieu de la célébration du mariage n'est nécessaire , qu'autant que l'opposant n'y a pas son domicile réel.

3o6. Les actes d'opposition doivent être signés par les personnes qui la forment, ou par leur procureur-fondé spécial , tant sur l'original que sur les copies laissées aux futurs et aux Officiers de l'état civil.

S'ils sont signés par un procureur-fondé , il doit être aussi laissé copie aux futurs et aux Officiers de l'état civil de la procuration , qui est toujours nécessairement passée devant notaire. (*Art.* 66, *C. c.*)

3o7. L'Officier de l'état civil, auquel on notifie une opposition , doit mettre son *visa* sur l'*original* de l'acte de notification. (*Art.* 66, *C. c.*)

Ce visa est ainsi conçu : «*Vu et reçu copie par nous* »*Officier de l'état civil de la commune de* . . . . »*A* . . . . . . *le* . . . . . . »

Il est signé par l'Officier de l'état civil.

3o8. Il doit ensuite en faire , sans délai, une mention sommaire sur le registre des publications (*Art.* 67, *C. c.*), c'est-à-dire, qu'il doit énoncer sur ce registre, sans l'y transcrire , l'existence de cette opposition , sa date , le nom de l'huissier qui l'a signifiée , la personne au nom de qui elle a été formée et sa qualité. — Voyez l'exemple XIX.

Si plusieurs oppositions étaient formées au même mariage , elles devraient toutes être mentionnées sur le registre des publications.

§ III. — *Effets des oppositions.* — *Formes de leur main-levée.*

3o9. Dès qu'une opposition lui est signifiée, l'Officier de l'état civil doit surseoir à la célébration du mariage, jusqu'à ce qu'on lui en remette la *main-levée*, quelque âge qu'aient les futurs époux. (*Art.* 68 *et* 173 , *C. c.*)

La *main-levée* peut résulter , 1° d'un jugement ou d'un arrêt qui déclare l'opposition mal fondée , irrégulière ou nulle , et ordonne qu'il sera passé outre au mariage ;

2° D'un acte passé devant notaire , dans lequel la personne qui a formé opposition , déclare qu'elle s'en désiste ;

3° D'une signification faite par huissier à l'Officier de l'état civil au nom de l'opposant , et portant abandon ou désistement de l'opposition.

3io. L'opposition formée après la première publication, n'empêche pas de faire la seconde ; elle n'est un obstacle qu'à la célébration du mariage.

3ii. L'Officier de l'état civil qui procéderait à la célébration d'un mariage auquel il a été formé opposition, sans que la main-levée lui en eût été rapportée dans l'une des trois formes indiquées au numéro 3o9 , serait passible d'une amende de 3oo fr. , et des dommages-intérêts réclamés par les parties. (*Art.* 68 , *C. c.*)

312. Il ne doit point se constituer juge de la validité et du mérite des oppositions qui lui sont signifiées.

Quoique le droit de les former n'appartienne qu'aux personnes désignées dans les n°ˢ 299 et 300, et à quelques-unes d'elles, seulement dans certaines circonstances déterminées, s'il arrivait cependant qu'une opposition fût signifiée au nom d'un individu non compris dans l'énumération de la loi, ou qu'elle fût fondée sur des motifs autres que ceux que cette loi admet, l'Officier de l'état civil devrait toujours surseoir jusqu'à ce que les Tribunaux compétens eussent prononcé, sous peine d'engager gravement sa responsabilité. (*Induct. des art.* 68, 69, 177, 178, 179, *C. c.*)

La même règle devrait être observée, si l'Officier de l'état civil croyait apercevoir quelque défaut de forme dans les actes.

313. Il est même des cas où le désistement volontaire des opposans ne devrait pas empêcher l'Officier de l'état civil de surseoir au mariage, jusqu'à ce que la justice eût prononcé ; par exemple, lorsque l'opposition aurait été motivée sur l'existence d'un précédent mariage, ou sur l'état de démence de l'un des futurs.

Dans ces cas et autres semblables, où l'ordre public peut se trouver intéressé, il est prudent de ne pas se contenter des arrangemens que les parties pourraient avoir pris entre elles.

314. La main-levée volontaire, résultant d'un acte devant notaire, doit être justifiée par la remise d'une expédition en forme de l'acte qui la contient, légalisée par le Président du Tribunal de première instance.

315. La main-levée volontaire, résultant d'une notification d'huissier à l'Officier de l'état civil, doit être

faite dans la forme indiquée pour l'opposition aux n°˙ 304 et 306, et par conséquent porter, tant sur l'original que sur la copie, la signature des personnes qui avaient formé l'opposition et qui s'en désistent, ou celle de leurs procureurs-fondés.

316. Si la main-levée, non volontairement consentie, a été prononcée en justice, elle doit être prouvée par la remise de l'expédition d'*un jugement* ou d'*un arrêt* ordonnant qu'il sera passé outre au mariage.

317. Si l'on ne représente à l'Officier de l'état civil qu'un jugement d'un Tribunal de première instance, il doit exiger qu'il lui soit remis en outre, 1° un certificat de l'avoué de celui des futurs en faveur de qui le jugement a été rendu, contenant la date de la signification qui en a été faite au domicile de l'opposant ou des opposans; 2° une attestation du greffier du Tribunal, constatant qu'il n'existe ni opposition, ni appel envers ce jugement. (*Art.* 548, *C. de proc.*)

Cette attestation doit être d'une date postérieure à l'époque où est expiré le délai accordé pour relever appel, c'est-à-dire, délivrée après les trois mois à partir de la signification du jugement. (*Art.* 443, *C. de proc.*)

Il pourrait néanmoins être suppléé aux deux pièces ci-dessus indiquées, par un acte signé de l'opposant ou des opposans, portant qu'ils acquiescent au jugement de main-levée.

318. S'il y a eu appel du jugement qui statue sur l'opposition, l'Officier de l'état civil ne peut procéder à la célébration du mariage qu'après qu'on lui a remis l'expédition d'un arrêt de la Cour royale, ordonnant ou permettant de passer outre.

3,8 *bis.* Dans quelque forme que la main-levée ait été donnée, l'Officier de l'état civil doit en faire une mention sommaire en marge de la mention de l'opposition, dès l'instant qu'on lui remet les pièces constatant la main-levée. *(Art.* 67, *C. c.*)

Cette mention est faite de la même manière que celle de l'opposition. — Voy. n° 3o8 et l'exemple XX.

Titre II.

Pièces à produire pour justifier que les futurs possèdent les qualités requises et qu'ils ont rempli les formalités prescrites pour pouvoir contracter mariage.

———

Section Première. — Sur la capacité légale en général.

3,9. L'Officier de l'état civil n'a pas besoin de se faire remettre des certificats ou autres pièces, pour constater que les futurs ne se trouvent dans aucun des cas d'incapacité prévus aux n°° 184, 185, 186, 188. Il suffit qu'il n'ait aucun motif de croire qu'ils se trouvent dans quelqu'un de ces cas, pour qu'il n'ait pas le droit d'exiger d'eux d'autres justifications que celles qui sont indiquées ci-après.

Section II. — Age.

§ I. — *Actes de naissance.* — *Moyens d'y suppléer.*

32o. Chacun des futurs doit remettre l'extrait de son acte de naissance, délivré et légalisé ainsi qu'il est dit au n° 475. *(Art.* 70, *C. c.*)

Néanmoins, lorsqu'ils sont nés dans la commune où se célèbre le mariage, et que leurs actes de naissance existent dans les registres de cette commune, ils peuvent être dispensés d'en produire un extrait en forme. Il suffit que l'Officier de l'état civil en prenne connaissance sur le registre même, et qu'il ait soin de le constater dans l'acte de mariage. (*Déc. part. du Ministre de la Justice, du* 10 *août* 1818.)

321. Lorsque l'un des futurs ne peut se procurer son acte de naissance, soit parce qu'il n'a pas été inscrit, soit parce que le registre où il avait été inscrit est perdu, détruit ou présente des lacunes, soit parce qu'il est né dans un pays étranger, avec lequel les communications sont impossibles ou trop difficiles, il peut y suppléer en remplissant les formalités suivantes. (*Art.* 70, *C. c.*)

322. Il se présente devant le Juge de paix du lieu de sa naissance ou de son domicile, avec *sept* témoins, majeurs, de l'un ou de l'autre sexe, parens ou non parens, qui connaissent l'époque et le lieu de sa naissance.

Ces témoins doivent déclarer au Juge de paix, les nom, prénoms, profession et domicile du futur époux; ceux de ses père et mère; le lieu et l'époque aussi exacte que possible de sa naissance, et les causes qui l'empêchent d'en rapporter l'acte.

Le Juge de paix consigne leurs déclarations dans un procès-verbal qu'on appelle *acte de notoriété.*

Les témoins signent cet acte avec le Juge de paix; et s'il en est qui ne puissent ou ne sachent signer, il y en est fait mention. (*Art.* 71, *C. c.*)

323. L'acte de notoriété est ensuite présenté au Tribunal de première instance dans l'arrondissement duquel doit se célébrer le mariage. Le Tribunal accorde ou refuse *son homologation* (c'est-à-dire son approba-

tion), selon qu'il trouve suffisantes ou insuffisantes les déclarations des témoins, et les causes qui empêchent de rapporter l'acte de naissance. (*Art.* 72, *C. c.*)

Ainsi, dans l'hypothèse prévue au n° 321, l'Officier de l'état civil doit se faire remettre, 1° l'expédition de l'acte de notoriété ; 2° l'expédition du jugement portant homologation.—Voy. n°° 80, 81, 82, et l'exemple XXVI.

324. L'acte de notoriété ne supplée à l'acte de naissance, que lorsqu'il s'agit de contracter mariage.

Ainsi, l'Officier de l'état civil du lieu où se célèbre le mariage, ni celui du lieu où le futur est né, ne doivent transcrire l'acte de notoriété sur le registre de leur commune, quand même ils en seraient requis par les parties.

325. Les futurs peuvent aussi, à défaut d'actes de naissance, produire des jugemens, obtenus dans la forme indiquée au titre de la rectification et du remplacement des actes de l'état civil. — Voy. les n°° 450, 451, 452, 453 et suivans.

Ces jugemens *tenant lieu d'actes de naissance* dans toutes les circonstances, l'Officier de l'état civil à qui ils seraient remis, n'aurait pas à exiger qu'il fût fait un acte de notoriété, pour suppléer à l'acte de naissance.

§ II. — *Dispense d'âge.*

326. Lorsque le mariage est contracté avec dispense d'âge (Voy. n°° 207 et 208), il doit être remis à l'Officier de l'état civil l'expédition de l'ordonnance portant dispense, délivrée par le greffier du Tribunal de première instance, d'après la transcription qu'il en a faite sur ses registres. — Voy. n°° 204 et 214.

Section III. — Dispense de parenté.

527. Lorsque le mariage est contracté avec dispense de parenté , dans les cas prévus aux n°ˢ 197 et 198 , il doit être remis à l'Officier de l'état civil une expédition de l'ordonnance portant dispense , dans la forme indiquée au numéro précédent. — Voy. n° 204.

Section IV. — Viduité. — Dissolution d'un précédent mariage.

328. Lorsque l'un des futurs a déjà été marié , il doit être remis à l'Officier de l'état civil un extrait en forme de l'acte de décès du premier mari ou de la première femme , ou l'expédition d'un jugement rendu pour en tenir lieu. (*Art.* 46 , *C. c.*) — Voyez l'exemple XXVII.

Néanmoins , lorsque l'acte de décès existe dans les registres de la commune où se célèbre le mariage , les parties peuvent se dispenser d'en rapporter l'extrait en forme.

Il suffit que l'Officier de l'état civil en prenne connaissance sur le registre même et le constate dans l'acte de mariage. (*Décis. du Ministre, du* 10 *août* 1818.)

329. Si le premier mariage de l'un des futurs a été dissous par la mort civile de son conjoint (Voy. n°ˢ 184 et 189) , il doit être remis à l'Officier de l'état civil une expédition de l'arrêt portant la condamnation d'où résulte la mort civile (1).

(1) Lorsque la condamnation a été prononcée par contumace, une controverse s'élève entre les commentateurs sur le point de savoir à partir de quelle époque la mort civile est définitivement encourue et le mariage dissous. Les uns , se fondant sur les articles 27 , 29 et 30 du Code civil, pensent que c'est cinq ans après l'exécution de la

Section V. — Consentement des parens. — Preuve de leur décès ou de leur absence.

——

§ I. — *Forme du consentement.*

330. Le consentement des pères, mères et autres ascendans, et du tuteur spécial dont il est parlé au n° 239, peut être donné de trois manières différentes :

1° Verbalement par les consentans en personne, au moment de la célébration du mariage, en présence de l'Officier de l'état civil, des futurs et des témoins ;

2° Par un procureur-fondé, également au moment de la célébration et en présence de l'Officier de l'état civil, des futurs et des témoins ;

3° Par acte authentique passé avant la célébration.

331. Lorsque le consentement est donné verbalement par les parens ou le tuteur spécial en personne, au moment de la célébration, il est justifié et constaté par l'acte même de mariage, dans lequel l'Officier de l'état civil l'énonce. (*Art. 76, n° 4, C. c.*) — Voy. les exemples XXII et XXVII.

332. Le consentement donné verbalement par un procureur-fondé est constaté de la même manière ; mais il doit être accompagné en outre de la remise d'une procuration passée devant notaire. — Voy. l'exemple XXV.

————

condamnation par effigie ; les autres pensent que ce n'est que vingt ans après, par interprétation de l'article 476 du Code d'instruction criminelle. Dans cette incertitude, l'Officier de l'état civil doit, si le cas se présente, en référer au Procureur du Roi, ainsi qu'il est dit au n° 189.

Cette procuration doit être spéciale, c'est-à-dire qu'elle doit avoir précisément pour objet le consentement au mariage projeté.

Elle ne peut pas être donnée d'une manière générale, pour consentir au mariage du futur avec qui que ce soit, ou d'une manière vague, sans désignation de la personne avec qui le mariage doit être contracté. Elle doit toujours désigner par leurs prénoms, noms, professions et domiciles, tant la personne à qui le consentement est donné, que celle avec qui le procureur-fondé est chargé de l'autoriser à se marier. (*Conséq. de l'art.* 73, *C. c.*)

333. Le consentement par acte authentique est celui qui est donné devant notaire, en présence de témoins.

Il doit contenir les prénoms, noms, professions et domiciles des deux futurs, ceux de la personne ou des personnes qui donnent le consentement, et leur degré de parenté avec les futurs. (*Art. 73, C. c.*) Une expédition légalisée de cet acte est remise à l'Officier de l'état civil. — Voy. n°ˢ 80, 81, 82, et l'exemple XXVII.

334. Lorsque le consentement émane du conseil de famille, dans le cas prévu aux n°ˢ 223 et 224, il est constaté par la délibération même de ce conseil. Cette délibération est également un acte authentique. Elle doit contenir les énonciations indiquées au numéro précédent, et il doit en être remis expédition à l'Officier de l'état civil. — Voy. n°ˢ 80, 81, 82, et l'exemple XXIII.

335. Il peut arriver que le conseil de famille, en accordant le consentement, charge un de ses membres d'aller le donner en personne lors de la célébration du mariage. Le membre ainsi délégué, est alors considéré comme un procureur-fondé. Il doit justifier de ses

pouvoirs par la remise de l'expédition de la délibération qui le délègue, et son consentement est constaté par l'énonciation qui en est faite dans l'acte de mariage. — Voy. n° 332.

336. Lorsque le consentement émane de la commission administrative d'un hospice, dans le cas prévu au n° 247, il doit être justifié par la remise d'une expédition légalisée de la délibération de cette commission.

§ II.—*Justifications à faire, en certains cas, à l'appui du consentement des parens. — Preuves du décès, de l'absence et des autres empêchemens de ceux qui étaient appelés à le donner.*

337. Toutes les fois que le consentement n'émane pas de toutes les personnes qui étaient appelées à le donner, ou qu'il n'émane pas de celles que la loi appelle à le donner en première ligne, les futurs doivent, outre les actes de consentement, produire la preuve du décès, de l'absence, ou des empêchemens de ceux des parens dont le consentement était requis et n'est pas rapporté.

Ainsi, lorsque le consentement est donné par la mère seule, on doit fournir la preuve du décès du père, ou de son absence, ou de l'impossibilité où il est de manifester sa volonté. (*Conséq. de l'art.* 149, *C. c.*) — Voy. les exemples XXIII et XXVII.

338. Si le consentement est donné par le père seul, la mère étant décédée, absente, ou dans l'impossibilité de manifester sa volonté, il suffit que le décès, l'absence, ou les motifs d'empêchement soient attestés par le père, et que son attestation soit énoncée dans l'acte de mariage. (*Conséqu. de l'art.* 148, *C. c.*) — Voyez l'exemple XXVIII.

33g. Lorsque le consentement est donné par le père seul, la mère existant et n'étant pas empêchée, on devrait, à la rigueur, prouver qu'elle a été consultée, soit par un acte respectueux, soit de toute autre manière. (*Conséq. de l'art.* 148, *C. c. — Exposé des motifs de la loi, par M. Portalis.*) Mais la présomption naturelle est qu'elle l'a été, et l'Officier de l'état civil est suffisamment autorisé par le consentement du père, à passer outre au mariage, sans autre justification, à moins qu'on n'eût notifié, au nom de la mère, un acte d'opposition motivé sur ce qu'elle n'aurait pas été consultée. Dans ce cas, il devrait procéder comme l'indiquent les n°ˢ 3og et 312.

340. Lorsque le consentement est donné par les aïeuls et aïeules, à défaut du père et de la mère (Voy. n° 219), ou par quelques-uns des aïeuls seulement, à défaut du père, de la mère et des autres aïeuls (Voy. n° 222), il doit être fourni la preuve du décès ou de l'absence du père, de la mère et de ceux des aïeuls dont le consentement n'est pas rapporté, ou de l'impossibilité où les uns et les autres sont de manifester leur volonté. (*Cons. de l'art.* 150, *C. c.*) — Voy. les exemples XXV, XXVI, XXVIII.

Ce qui a été dit au n° 33g au sujet du consentement donné par le père seul, s'applique au cas où le consentement est donné par un aïeul, l'aïeule de la même ligne existant encore et n'étant pas empêchée.

341. Le consentement donné par le tuteur spécial, dans le cas indiqué au n° 239, doit être accompagné de l'expédition de la délibération du conseil de famille qui nomme ce tuteur, et de la preuve du décès du père et de la mère de l'enfant naturel, s'il a été reconnu par

tous les deux , ou de celui des deux qui l'a reconnu , s'il n'a été reconnu que par un seul, ou de l'impossibilité où ils sont de manifester leur volonté. (*Conséq. de l'art.* 159 , *C. c.*) — Voy. l'exemple XXIX.

Preuves du décès.

342. La preuve du décès des ascendans se fait par la remise d'un extrait en forme de l'acte de décès, ou de l'expédition du jugement qui en tient lieu. — Voy. nᵒ 450.

Si ces actes existent dans les registres de la commune où se fait le mariage , il n'est pas nécessaire d'en remettre un extrait ou une expédition. Il suffit que l'Officier de l'état civil en prenne connaissance sur les registres même et le mentionne dans l'acte de mariage, ainsi qu'il a été dit aux nᵒˢ 320 et 328.

343. Néanmoins, lorsque les aïeuls ou quelques-uns d'eux existent encore, et qu'ils se présentent pour donner leur consentement au mariage , les parties peuvent se dispenser de toute production pour établir le décès du père, de la mère , et de ceux des aïeuls ou aïeules qui n'existent plus. Il suffit que les aïeuls ou aïeules présens attestent ces décès , et que l'Officier de l'état civil fasse mention de leur attestation dans l'acte de mariage. (*Avis du Conseil d'État , du 4 thermidor an XIII.*) — Voy. l'exemple XXVI.

Cette dernière manière de procéder ne doit être admise que dans le cas spécialement indiqué ci-dessus. Elle ne pourrait pas l'être dans le cas , par exemple , où ce serait la mère seule , à défaut du père , ou une aïeule, à défaut du père, de la mère et de l'aïeul, qui se présenterait pour donner le consentement. Le décès du père ou celui de l'aïeul devrait alors être établi de l'une des manières indiquées au n° 342.

344. Lorsque le consentement est donné par le conseil de famille (Voy. n°ˢ 223 et 224), la preuve du décès des père, mère, aïeuls et aïeules, peut être établie soit par la production des pièces indiquées au n° 342, soit seulement par l'attestation de décès faite dans la délibération du conseil de famille, par les parens qui le composent. (*Analogie de l'avis du Conseil d'État, du 4 thermidor an XIII.*) — Voy. l'exemple XXIII.

Preuves de l'absence.

345. La preuve de l'absence du père, de la mère, des aïeuls et des aïeules, peut être faite de trois manières différentes : 1° par la remise de l'expédition du jugement rendu pour déclarer l'absence; (*Art.* 115 et 119, *C. c.*)

2° Lorsque le jugement de déclaration d'absence n'a pas encore été rendu, par l'expédition de celui qui permet de la prouver; (*Art.* 116, *C. c.*) —Voy. n° 233, § 6.

3° Enfin, lorsque aucun de ces jugemens n'a encore été rendu, par la remise d'un *acte de notoriété* (Voy. n° 322), délivré par le Juge de paix du lieu où l'*ascendant* absent a eu son dernier domicile connu.

Cet acte est rédigé sur la déclaration de *quatre* témoins, qui affirment que l'ascendant dont il s'agit a disparu de son domicile; que, depuis telle époque déterminée, l'on est sans nouvelles de lui, et qu'ils ignorent le lieu de sa résidence actuelle. (*Art.* 155, *C. c.*)

346. La preuve des autres causes de l'impossibilité de manifester leur volonté, où peuvent se trouver les pères, mères, aïeuls et aïeules, ou quelqu'un d'entre eux, se fait, savoir :

Pour l'impossibilité physique résultant de ce que l'ascendant est sourd-muet, ou atteint de toute autre infirmité permanente, qui l'empêche d'exprimer son consentement, par la remise du certificat d'un médecin ou d'un chirurgien, attestant l'infirmité ; — Voy. n° 233, § 1 et 2.

Pour l'impossibilité résultant de l'état d'imbécillité, de démence ou de fureur (Voy. n° 233, § 3), par la remise d'une expédition du jugement ou de l'arrêt qui prononce l'interdiction (Voy. n° 180), ou de celui qui admet la preuve des faits d'imbécillité, de démence ou de fureur (*Art.* 893 , *C. de proc.*), ou par la remise de l'extrait de l'avis du conseil de famille , portant qu'il y a lieu à interdiction (*Art.* 494, 495, 496 , *C. c.*), ou enfin par la remise d'un acte délivré dans la forme indiquée au n° 345, et attestant que l'ascendant est notoirement en état d'imbécillité , de démence ou de fureur ; (*Analogie de l'art.* 155.)

Pour l'impossibilité légale résultant de l'état de mort civile, par la remise de l'extrait de l'arrêt ou du *jugement* portant condamnation (Voy. n°° 184 et 233, § 4), ou d'un certificat du greffier de la Cour ou du Tribunal qui a prononcé cette condamnation, ou d'un extrait des registres du bagne ou autre lieu de détention dans lequel le condamné est renfermé ;

Pour l'impossibilité légale résultant de la condamnation à une peine temporaire afflictive et infamante, ou seulement infamante, par la remise des mêmes pièces. — Voy. n° 233, § 5.

§ III. — *Moyens de suppléer, en certains cas, à la preuve du décès ou de l'absence des parens.*

347. Lorsqu'il n'y a ni père, ni mère, ni aïeuls, ni aïeules, ou qu'ils se trouvent tous dans l'impossibilité de manifester leur volonté, les hommes et les femmes âgés de plus de 21 ans, admis à se marier sans être obligés de rapporter le consentement de personne, ainsi qu'il est dit au n° 232, doivent, pour établir le décès ou l'absence de leurs ascendans, ou l'impossibilité où ils sont de manifester leur volonté, remettre l'une des pièces indiquées aux n° 342, 345, 346.

Néanmoins, en ce qui concerne le décès et l'absence, si les futurs ou l'un d'eux sont dans l'impossibilité de se procurer les pièces indiquées aux n° 342 et 345, faute de connaître le dernier domicile de leurs ascendans, il y est suppléé par les formalités suivantes :

Au moment de la célébration du mariage, les futurs doivent affirmer *par serment* que leurs ascendans sont décédés ou absens, mais que le lieu de leur décès et celui de leur dernier domicile leur sont inconnus.

Cette déclaration doit être confirmée par celle des *quatre* témoins de l'acte de mariage, qui attestent également *par serment*, que, quoiqu'ils connaissent les futurs époux et sachent que leurs ascendans sont morts ou absens, ils ignorent le lieu de leur décès et leur dernier domicile.

Ces deux affirmations sont mentionnées par l'Officier de l'état civil, dans l'acte du mariage. (*Avis du Conseil d'État, du 4 thermidor an XIII.*) — Voy. l'exemple XXVI (1).

SECTION VI. — Actes respectueux.

348. L'existence des actes respectueux, dans les cas où il a dû en être fait (Voy. nᵒˢ 226, 227, 228), se prouve par la remise de l'acte de signification. — Voy. nᵒ 229.

349. Si l'acte respectueux a été signifié au père seul, ou à la mère seule, il faut y joindre la preuve du décès de celui des deux à qui l'acte n'a pas été signifié, ou celle de son absence, ou celle de l'impossibilité où il est de manifester sa volonté.

S'il a été signifié aux aïeuls et aïeules, à défaut du père et de la mère, ou seulement à l'un des aïeuls, à défaut des autres, il faut y joindre la preuve du décès, de l'absence, ou de l'impossibilité de manifestation de volonté du père, de la mère et de ceux des aïeuls à qui l'acte respectueux n'a pas été signifié.

Dans ces deux cas, les preuves se font de la manière indiquée aux nᵒˢ 342, 345, 346. — Voy. l'exemple XXIV.

---

(1) Il est très-essentiel de remarquer que cette forme de procéder ne peut être admise absolument que dans le cas pour lequel elle a été exceptionnellement autorisée.

Ainsi, elle est inadmissible lorsque le futur ou la future qui voudrait en faire usage, a moins de 21 ans. Dans ce cas, la preuve du décès ou de l'absence doit se faire dans les formes indiquées plus haut.

Elle est pareillement inadmissible, lorsque l'on connaît le lieu du décès, ou celui du dernier domicile des ascendans. On peut alors s'y procurer la preuve légale du décès ou de l'absence, et l'on ne doit pas abuser de la faculté donnée par l'avis du Conseil d'État précité, pour s'éviter la peine ou les frais de la recherche et de l'exhibition des actes.

Section VII. —Permission requise pour les militaires.—Voy. n° 248.

350. Les militaires justifient de la permission de leurs supérieurs, savoir:

Les officiers des armées de terre et les employés militaires qui leur sont assimilés, par la remise de la permission du Ministre de la Guerre ; — Voy. n° 249.

Les officiers et les autres employés appartenant à la marine, par la remise de la permission du Ministre de la Marine, des Gouverneurs des colonies ou des autres chefs coloniaux ; — Voy. n°s 250 et 252.

Les sous-officiers et soldats en activité de service, tant des armées de terre que des armées de mer, par la remise de la permission du Conseil d'administration de leurs corps respectifs ; — Voy. n° 252.

Les sous-officiers, caporaux, brigadiers et soldats en congé illimité ou en congé d'un an, et les jeunes soldats faisant partie de la réserve, entrés dans la dernière année de leur service, par la remise de la permission du Maréchal-de-camp ou de l'officier supérieur commandant le département de leur résidence ;

Les hommes faisant partie de la réserve, qui sont encore soumis au service pour plus d'un an, par la remise de la permission du Ministre de la Guerre. —Voy. n° 252.

Section VIII. — Publications. — Forme des certificats qui les constatent.

351. Les futurs doivent remettre à l'Officier de l'état civil des certificats attestant que les publications ont été faites dans tous les lieux prescrits par la loi. — Voy. les n°s 272, 274, 275, 276, 279, 280, 281, 284, 285, 286, 287, 288, 289, 290.

Ces certificats sont délivrés par les Officiers de l'état civil qui ont fait les publications. (*Art.* 69 , *C. c.*)

Ils énoncent la qualité du fonctionnaire qui les a faites ;

Le jour, le lieu et l'heure de chacune d'elles ;

Les noms, prénoms, professions et domiciles des deux futurs et de leurs pères et mères ;

Si les futurs sont majeurs ou mineurs ;

S'il a été formé opposition au mariage, ou non. (*Art.* 69 , *C. c.*)

Ils sont sur papier timbré de la dimension de 35 c. (*Loi du* 13 *brumaire an VII* , *art.* 12 , *n*° 1. — *Loi du* 28 *avril* 1816 , *art.* 62.)

Ils sont signés par l'Officier de l'état civil et légalisés. — Voy. n° 475 et les exemples XVIII , XXI.

352. Ils est dû, pour la délivrance du certificat de publication, une rétribution de 3o c., outre le remboursement du papier timbré. (*Décret du* 12 *juillet* 1807, *art.* 1er. — *Circulaire du Ministre de l'Intérieur*, *du* 6 *août* 1807.)

353. Les parties n'ont pas besoin de produire des certificats pour prouver que les publications ont été faites dans la commune même où se célèbre le mariage. Elles sont constatées par la mention que l'Officier de l'état civil qui procède au mariage, en fait dans l'acte de célébration. (*Art.* 76 , *n*° 6 , *C. c.*) — Voy. les exemples XXII, XXIII, XXIV.

La rétribution dont il est parlé au numéro précédent, n'est par conséquent pas due dans cette commune. (*Circul. du Ministre de l'Intérieur* , *du* 6 *août* 1807.)

354. Si les publications ont été faites dans un pays étranger (Voy. n°s 276 et 282), les parties doivent remettre un certificat de publication délivré par les con-

suls, vice-consuls, ou autres agens diplomatiques français, s'il y en a dans ce pays. (*Ordonn. du* 23 *octobre* 1833, *art.* 14, *et du* 26 *du même mois*, *art.* 8.)

Ce certificat est soumis au visa du Ministre des Affaires étrangères. — Voy. n° 475.

A défaut d'agens français dans ce pays, les parties doivent remettre un certificat des autorités locales étrangères constatant que les publications ont été faites, soit dans les formes prescrites par les lois françaises, soit dans les formes prescrites par les lois du pays, ou qu'on y a suppléé par des formalités analogues, suivant l'usage des lieux.

Ce certificat doit être légalisé conformément à ce qui sera dit au n° 475.

355. Lorsqu'il y a eu dispense de la seconde publication, les parties doivent joindre aux pièces constatant la première, l'expédition de la décision qui accorde dispense de la seconde, délivrée par le secrétaire de la commune où se célèbre le mariage, ainsi qu'il est dit au n° 270. — Voy. l'exemple XXV.

SECTION IX. — Main-levée des oppositions, ou preuve qu'il n'en existe pas.

356. L'existence ou la non existence des oppositions (Voy. n° 297, 298, 299, 300, 302), est mentionnée dans les certificats de publication. (*Art.* 69, *C. c.*) — Voy. les exemples XVIII et XXI.

En conséquence, ces certificats ne doivent être délivrés qu'après les trois jours depuis la seconde publication, c'est-à-dire à l'époque où le mariage peut être célébré. (*Art.* 64, *C. c.*)

Si, même après cette époque, il survenait une opposition, elle devrait toujours être mentionnée dans le certificat de publication.

357. Il n'est pas nécessaire de produire un certificat de non opposition de l'Officier de l'état civil du lieu où le mariage se fait. Il suffit de mentionner dans l'acte de mariage, qu'il ne lui en a pas été signifié, ou que celles qui lui ont été signifiées ont été levées. (*Art.* 69 *et* 76, *n° 7, C. c.*)

358. S'il y a eu opposition signifiée dans quelqu'une des communes où les publications ont été faites, les parties devront, pour établir leur main-levée, remettre à l'Officier de l'état civil l'une des pièces mentionnées aux n° 314, 315, 316, 317, 318.

Dispositions générales. — Annexe des pièces. — Traduction de celles qui sont en langue étrangère.

359. Toutes les pièces produites par les futurs doivent rester annexées à l'acte de mariage, après avoir été paraphées par celui qui les a produites et par l'Officier de l'état civil, ainsi qu'il a été dit aux n° 80, 81, 82.

360. Si quelqu'une d'elles est en langue étrangère, l'Officier de l'état civil doit la faire préalablement traduire.

A cet effet, il désigne un expert interprète, il lui fait prêter serment, et il dresse sur papier timbré un procès-verbal énonçant la désignation de l'interprète, sa prestation de serment et la traduction de l'acte.

Ce procès-verbal doit être signé tant par l'Officier de l'état civil que par l'interprète.

Titre III.

De la Célébration du Mariage et de l'Acte qui le constate.

—

Chapitre Premier.

Célébration civile.

—

361. Après que les futurs ont fait toutes les justifications et produit toutes les pièces requises, il est procédé à la célébration du mariage.

Section Première. — Lieu de la célébration.

362. Cette célébration doit être faite dans la commune où l'un des deux futurs a son domicile. (*Art.* 74 , *C. c.*)

363. Ainsi qu'il a été dit au n° 274, ce domicile, en ce qui concerne le mariage , s'établit par une résidence continue de six mois dans le même lieu. (*Art.* 74, *C. c.*)

364. Néanmoins, lorsque cette résidence de six mois n'est que le résultat d'une absence momentanée du domicile habituel ou d'origine (Voy. n°° 273, 277); les futurs conservent toujours le droit d'y faire célébrer leur mariage. (*Interprét. de l'art.* 74, *C. c.*)

365. Les militaires en activité de service doivent contracter mariage devant l'Officier de l'état civil de la commune où ils ont résidé sans interruption pendant six mois , ou devant celui de la commune où leurs futures épouses ont leur domicile habituel ou leur rési-

8

dence depuis six mois. (*Avis du Conseil d'État, du* 4°
jour complémentaire an XIII.)

SECTION II. — Publicité.

366. Les formalités de la célébration doivent être
remplies dans la maison commune, les portes ouvertes
et le public admis. (*Art.* 75 *et* 165, *C. c.*)

367. Lorsqu'il n'y a pas de maison commune, la maison
du Maire en tient lieu. (*Décision du Ministre de la
Justice, du* 21 *juillet* 1818.)

368. Si l'un des futurs se trouvait malade ou infirme,
au point de ne pouvoir se transporter dans la maison
commune ou dans celle du Maire, lorsqu'elle tient lieu
de maison commune, l'Officier de l'état civil pourrait,
après que la maladie ou l'infirmité aurait été constatée
par le certificat légalisé d'un médecin ou d'un chirurgien, se transporter dans le domicile du futur, et y
célébrer le mariage.

Dans ce cas, les portes de ce domicile doivent rester
ouvertes et le public doit y être admis. (*Art.* 165, *C. c.
— Inst. du Ministre de la Justice, du* 3 *juillet* 1811.)

Il est fait mention dans l'acte de la cause qui a empêché
de célébrer le mariage dans la maison commune, et le
certificat constatant l'impossibilité où s'est trouvé l'un
des futurs de s'y transporter, doit rester annexé à cet
acte.—Voy. n°ˢ 80, 81, 82, et l'exemple XXVIII.

SECTION III. — Formes de la célébration.

369. Le jour de la célébration est choisi par les futurs.
(*Art.* 75, *C. c.*)

L'heure est fixée par l'Officier de l'état civil. (*Loi du 20 septembre* 1792 , *art.* 2.)

La célébration peut avoir lieu même le Dimanche.

370. Au jour et à l'heure fixés , les futurs époux se rendent dans la maison commune ou dans la maison qui en tient lieu , accompagnés de quatre témoins.

Ces témoins sont choisis par eux. Ils doivent avoir les qualités indiquées au n° 62 , et peuvent être pris indifféremment parmi les parens des futurs ou hors de la famille.

371. Les personnes qui interviennent dans l'acte de mariage pour donner leur consentement à l'un des futurs , soit en leur nom personnel , soit comme procureurs-fondés du père, de la mère, des aïeuls ou de l'un d'eux, du tuteur spécial, du conseil de famille, ou de la commission administrative d'un hospice, ne peuvent compter au nombre des témoins.

372. Lorsque les futurs , les témoins et les personnes qui doivent consentir au mariage sont réunis, l'Officier de l'état civil se fait remettre les pièces que les futurs ont dû produire pour établir leur état civil et justifier l'accomplissement des formalités préliminaires (Voy. n°ˢ 320 à 360), et il en donne lecture à haute voix. (*Art.* 75 , *C. c.*)

Il donne également lecture à haute voix des articles du Code civil contenus dans le chapitre VI du titre du Mariage , relatif aux droits et aux devoirs respectifs des époux. (*Il suffit de lire les articles* 212 , 213 , 214.)

Puis il demande au futur, s'il veut prendre pour femme la future, qu'il désigne par ses nom et prénoms , et à la future, si elle veut prendre pour mari le futur, qu'il désigne également par ses nom et prénoms.

Sur la réponse affirmative et séparée de chacun d'eux, il prononce, au nom de la loi, qu'ils sont unis par le mariage. (*Art.* 75, *C. c.*)

373. S'il arrivait que l'un des futurs répondît négativement ou ne donnât pas une réponse affirmative intelligible, l'Officier de l'état civil ne devrait pas aller plus avant, et il n'y aurait pas de mariage. (*Cons. de l'art.* 146, *C. c.*)

374. La comparution des parties doit avoir lieu devant l'Officier de l'état civil *lui-même*, et c'est *par lui-même* que doivent être remplies les formalités indiquées au n° 372. Ce fonctionnaire manquerait d'une manière grave à ses devoirs et commettrait un faux, s'il laissait au secrétaire de la mairie, ou à toute autre personne, le soin de recevoir les déclarations des parties, et se bornait ensuite à signer l'acte constatant l'accomplissement des formalités qui constituent le mariage.

Seulement la lecture des pièces peut être faite par le secrétaire de la mairie, mais toujours en présence de l'Officier de l'état civil.

CHAPITRE II.

De l'Acte de Mariage.

SECTION PREMIÈRE. — Rédaction immédiate de l'acte.

375. Immédiatement après que l'Officier de l'état civil a prononcé que les époux sont unis par le mariage, il en dresse l'acte, qui est transcrit en même temps sur les deux registres des mariages; (*Art.* 75, *C. c.*)

Il en donne lecture aux parties et aux témoins; (*Art.* 38 , *C. c.*)

Et il le signe avec eux , ou avec ceux d'entre eux qui savent signer. (*Art.* 39 , *C. c.*) — Voy. n° 76.

376. Pour l'acte de mariage , plus encore que pour tout autre , il est interdit de renvoyer à un autre moment la rédaction et la signature.

Si , dans l'intervalle de la célébration du mariage au jour où l'on renverrait la rédaction ou la signature de l'acte, l'Officier de l'état civil ou l'une des parties venait à mourir , ou si l'un des époux ne voulait plus signer, il n'y aurait plus de mariage légalement constaté.

Section II. — Énonciations que l'acte doit contenir.

377. Outre les formalités communes à tous les actes et indiquées dans le n° 84 , l'acte de mariage doit énoncer :

1° Le lieu et la publicité de la célébration — Voyez n°˙ 366 , 367 , 368 ;

2° Les noms, prénoms, professions, âge, lieux de naissance et domiciles des deux époux — Voy. n°˙ 378 et 379 ;

3° S'ils sont *majeurs* ou *mineurs* (1) ;

4° Les prénoms, noms, âge , professions et domiciles de leurs pères et mères; — Voy. n° 380.

5° Le consentement des parens , du conseil de famille, ou du tuteur spécial , dans l'une des formes indiquées aux n°˙ 331 , 332 , 333 ; — Voy. le n° 381 (2).

_____

(1) Voy. la note sur le n° 259.

(2) Si l'on négligeait d'*énoncer* le consentement des parens, dans l'acte de mariage d'un homme âgé de moins de 25 ans, ou d'une femme âgée de moins de 21 ans , l'Officier de l'état civil serait passible d'une amende, qui peut s'élever jusqu'à 300 fr., et d'un emprisonnement de six mois au moins. (*Art.* 156 , *C. c.*) Dans les autres

Ou les actes respectueux, s'il en a été signifié ;

Ou les causes qui ont empêché de rapporter le consentement des parens, et de leur signifier des actes respectueux ; — Voy. n°s 339, 340, 341, 342, 343, 545, 346, 347 et 382.

6° Les publications faites dans les divers domiciles, suivant les règles tracées aux n°s 272 à 290, leurs dates et les pièces qui les constatent ; — Voy. n°s 351, 353, 354, 355.

7° Les oppositions, s'il y en a eu ; leur main-levée ou la mention qu'il n'y a point eu d'opposition ; — Voy. les n°s 314 à 318, 356, 357, 358.

8° La lecture faite aux parties et aux témoins des pièces produites ; — Voy. le n° 372.

9° La lecture faite aux parties, en présence des témoins, des dispositions du Code civil, au chapitre VI du titre du Mariage, sur les droits et les devoirs respectifs des époux ; —Voy. n° 372.

10° La déclaration des contractans, qu'ils veulent se prendre pour époux ; — Voy. n° 372.

11° Le prononcé de leur union par l'Officier de l'état civil ;

12° Les noms, prénoms, âge, professions et domiciles des quatre témoins, et leur déclaration s'ils sont ou non parens ou alliés des contractans ou de l'un d'eux, de quel côté et à quel degré. — Voy. les exemples XXII à XXIX.

---

cas, c'est-à-dire lorsqu'il s'agirait d'un homme âgé de plus de 25 ans ou d'une femme âgée de plus de 21 ans, le défaut d'énonciation du consentement des parens ou des actes respectueux, entraînerait contre l'Officier de l'état civil les peines ordinaires prononcées pour les contraventions aux règles générales, en matière d'actes de l'état civil. — Voy. le n° 94 *bis*.

Toutes les énonciations énumérées dans les douze paragraphes ci-dessus, sont exigées dans *tous* les actes de mariage. (*Art.* 75 *et* 76, *C. c.*)

Il faut y énoncer, en outre, suivant les circonstances :

Les dispenses d'âge, lorsque le mariage est contracté par un homme âgé de moins de 18 ans, ou une femme âgée de moins de 15 ans révolus ; — Voy. nos 207, 208, 326, et l'exemple XXIII.

Les dispenses de parenté, lorsque le mariage est contracté entre beau-frère et belle-sœur, oncle et nièce, tante et neveu, etc., ainsi qu'il est dit aux nos 197, 198, 327 ; — V. l'exemple XXVII.

Les nom, prénoms, profession et domicile du premier époux, lorsque les futurs ou l'un d'eux ont déjà été mariés, et les pièces d'où résulte la preuve de la dissolution du premier mariage ; — Voy. nos 328, 329, et l'exemple XXVII.

La permission accordée par l'autorité compétente, lorsque le futur est militaire ; — Voy. n° 350 et l'ex. XXV.

Les dispenses de la seconde publication, lorsqu'il en a été obtenu. — Voy. n° 355 et l'exemple XXV.

378. La mention de l'âge des époux se précise par l'indication du jour, du mois et de l'année où ils sont nés.

379. Lorsque, dans l'acte de naissance produit par l'un des futurs, son nom ne se trouve pas orthographié comme il doit l'être, c'est-à-dire comme celui de son père, ou qu'on y a omis les prénoms ou quelqu'un des prénoms de son père ou de sa mère, on peut passer outre au mariage, sans avoir besoin de faire procéder à la rectification de l'acte. (Voy. nos 449, 451, 452.) Il suffit que les père et mère ou les aïeuls, qui assistent au mariage, attestent l'identité.

Lorsque les ascendans n'assistent pas au mariage et qu'ils y ont donné leur consentement par écrit, il suffit que l'attestation d'identité soit contenue dans l'acte de consentement.

Lorsque, en cas de décès du père, de la mère et des aïeuls, le consentement est donné par le conseil de famille, ou par un tuteur spécial, l'attestation d'identité est valablement faite par la délibération du conseil de famille, ou par la déclaration du tuteur spécial.

Enfin, lorsqu'il s'agit de futurs, majeurs de 21 ans, dont le père, la mère et les aïeuls sont morts, ou dans l'impossibilité de manifester leur volonté, l'identité est suffisamment constatée par la déclaration des quatre témoins de l'acte de mariage. (*Avis du Conseil d'État, du 30 mars 1808.*)

Ces attestations d'identité doivent être énoncées dans l'acte de mariage.

380. Quoique les pères et mères des futurs soient morts, leurs noms, prénoms, professions et domiciles doivent toujours être énoncés, afin que la filiation soit parfaitement constatée.

381. Lorsque le père et la mère existent, que le consentement n'est donné que par le père, et que la mère l'a refusé, il ne faut énoncer ce dissentiment dans l'acte de mariage, qu'autant que la mère l'exigerait ou qu'elle aurait formé opposition. Autrement on se borne à énoncer le consentement du père.

382. Si, dans les actes de décès du père, de la mère, des aïeuls, ou de quelqu'un d'eux, le nom de la personne décédée se trouve mal orthographié, ou s'il y a omission ou erreur dans quelqu'un de ses prénoms, il peut être passé outre à la célébration du mariage,

sans faire procéder à la rectification de l'acte irrégulier. Il suffit que l'erreur ou l'omission et l'identité soient attestées, savoir :

Par la déclaration, avec serment, des ascendans, du conseil de famille, ou du tuteur spécial, qui donnent leur consentement au mariage ;

Ou par celle des quatre témoins de l'acte, lorsqu'il s'agit de futurs, majeurs de 21 ans, qui se marient sans rapporter le consentement de leurs parens. (*Avis du Conseil d'État*, *du 30 mars 1808.*)

Ces attestations d'identité doivent être énoncées dans l'acte de mariage.

383. Lorsque les époux veulent légitimer, en le reconnaissant, un enfant naturel déjà né ou seulement conçu, la reconnaissance est insérée dans l'acte de mariage, si elle n'a pas été précédemment faite; ou bien l'on se borne à rappeler celle qui a déjà eu lieu, en indiquant sa date, l'Officier de l'état civil devant lequel elle a été faite, et toutes ses autres circonstances. — Voy. n°⁵ 163, 167, 168, 169, 170, et l'exemple XXVIII (1).

384. Ainsi qu'il a été dit au n° 171, les reconnaissances d'enfans naturels, faites pour la première fois dans l'acte de mariage, sont soumises à un droit d'enregistrement de 2 fr. 20 c., excepté quand il s'agit d'indigens, à l'égard desquels l'enregistrement a lieu gratis. (*Loi du 28 avril 1816, art. 43 et 77. — Loi du 15 mai 1818, art. 77.*)

(1) Quoique l'acte de reconnaissance antérieur ne fût pas rappelé dans l'acte de mariage, la légitimation n'en serait pas moins parfaitement opérée, ainsi qu'il a été dit au n° 168 ; mais il est toujours convenable de l'y rappeler.

Chapitre III.

De la Célébration religieuse.

—

385. Le mariage ne peut être célébré à l'église, avant d'avoir été célébré devant l'Officier de l'état civil. (*Loi du 18 germinal an X , art.* 54.)

386. Les ministres d'un culte quelconque, devant lesquels on se présente pour faire bénir un mariage, doivent exiger la remise d'un certificat constatant la célébration civile. (*Loi du 18 germinal an X , art.* 54. — *Loi du 1er prairial an X , art. unique.*)

387. Ce certificat est délivré par l'Officier de l'état civil devant lequel le mariage a été contracté, immédiatement après que l'acte a été signé.

Il énonce le jour, l'heure et le lieu du mariage ; l'Officier de l'état civil qui l'a célébré ; les noms, prénoms, âge, professions et domiciles des époux ; les noms, prénoms, professions et domiciles de leurs pères et mères. — Voy. l'exemple XXX.

Il est fait sur papier non timbré. (*Décis. du Ministre des Finances, du 7 juin 1832 et du 28 septembre 1833. — Journal de l'Enregistrement, n° 10,739.*)

388. Tout ministre d'un culte quelconque, qui procéderait aux cérémonies religieuses d'un mariage, sans qu'il lui eût été justifié d'un acte de mariage préalablement reçu par l'Officier de l'état civil, serait puni, savoir :

Pour la première fois, d'une amende de 16 fr. à 100 fr. ; (*Art. 199, C. pén.*)

Pour la première récidive, d'un emprisonnement de deux à cinq ans;

Et pour la seconde récidive, de la détention. (*Art.* 200 , *C. pén.*)

L'Officier de l'état civil, qui serait instruit d'une pareille contravention , devrait en informer le Procureur du Roi. (*Art.* 29 , *C. d'Inst. crim.*)

CINQUIÈME PARTIE.

DES DÉCÈS.

—

CHAPITRE PREMIER.

Des Actes de Décès dans les circonstances ordinaires.

—

SECTION PREMIÈRE. — Déclaration.

389. Les décès doivent être déclarés à l'Officier de l'état civil de la commune dans l'étendue de laquelle ils ont eu lieu, soit que la personne décédée y fût domiciliée, soit qu'elle y fût seulement résidante ou de passage. (*Conséq. des art.* 78, 80, 82, 83, 84, *C. c.*)

390. La déclaration doit être faite dans les vingt-quatre heures qui suivent le décès. (*Loi du 20 septembre 1792, tit.* 5, *art.* 1er. — *Conséq. des art.* 77, 80, 83.)

Passé ce délai, elle ne devrait pas être reçue, et l'acte de décès ne pourrait être inscrit qu'en vertu d'un jugement. (*Avis du Conseil d'État, du 12 brumaire an XI.*) Cette règle ne doit pourtant pas être observée trop rigoureusement, ainsi qu'il a été dit au n° 100, relativement aux actes de naissance. Si le délai n'était expiré que depuis un ou deux jours, l'Officier de l'état civil pourrait recevoir la déclaration et dresser l'acte, pourvu toutefois que le corps de la personne décédée lui fût représenté, et qu'il fût possible de reconnaître son identité. Lorsque le corps ne peut plus lui être représenté, l'Officier de l'état civil ne doit plus dresser l'acte de décès.

391. La déclaration doit être faite par deux témoins. Ces deux témoins doivent être, *autant que possible,* les deux plus proches parens ou voisins de la personne décédée, lorsqu'elle est morte dans son domicile. (*Art.* 78 , *C. c.*)

392. Lorsqu'elle est morte hors de son domicile , la déclaration doit être faite par la personne chez qui le décès a eu lieu , et par un parent, un voisin , ou tout autre individu ayant connaissance du décès. (*Art.* 78 , *C. c.*)

393. Les personnes par qui la déclaration est faite, étant en même temps les témoins de l'acte, doivent avoir les qualités requises pour les témoins en général par l'art. 37 du Code civil, c'est-à-dire, être du sexe masculin et avoir au moins 21 ans. — Voy. n° 62.

394. Ce n'est pas remplir le vœu de la loi, que de prendre pour témoins , comme le font quelques Maires, les deux premières personnes venues , ou des employés de la mairie , à qui on fait signer presque tous les actes. Les témoins doivent pouvoir certifier, *d'après leur connaissance personnelle,* le décès, son époque, et l'identité de la personne décédée. Comme la loi n'exige pas qu'ils sachent signer, l'Officier de l'état civil n'a aucun motif de se dispenser de l'observation de cette règle.

SECTION II. — Constat.

395. Quand l'Officier de l'état civil a reçu la déclaration d'un décès , il doit se transporter immédiatement auprès de la personne décédée , pour s'assurer que la

mort est réelle et qu'elle n'a aucune cause suspecte. (*Art. 77, 80, 84, C. c.*)

L'exécution littérale de cette obligation étant très-pénible pour les Officiers de l'état civil, plusieurs sont dans l'usage de charger des médecins ou des chirurgiens, investis de leur confiance, du soin de vérifier le décès et ses causes.

Cette manière de procéder n'a rien de précisément contraire au vœu de la loi, dont le but essentiel est que l'Officier de l'état civil s'assure positivement de la mort. Rien n'empêche qu'il ne délègue cette partie de son ministère à des hommes probes et éclairés ; dont il accepte les déclarations sous sa propre responsabilité.

Mais il y aurait une grave infraction à la loi et un très-grand danger, à ne prendre aucune mesure pour vérifier le décès, et à s'en rapporter uniquement aux déclarations des témoins. Les Officiers de l'état civil doivent donc toujours ou visiter eux-mêmes les corps des décédés, ou les faire visiter par des délégués spéciaux.

SECTION III. — Rédaction de l'acte. — Énonciations qu'il doit contenir.

396. Après que l'Officier de l'état civil a reçu la déclaration du décès et qu'il l'a constaté, il donne l'autorisation d'inhumer, dresse l'acte et le transcrit sur les deux exemplaires du registre des décès.

397. Cet acte doit contenir, outre les formalités générales indiquées au n° 84 :

1° Le jour, l'heure et le lieu du décès ; — Voy. n° 400.

2° Les prénoms, nom, profession et domicile de la personne décédée ;

3° Son âge, au moins approximativement ;

4° Le lieu de sa naissance, s'il est connu ;

5° Les prénoms, nom, âge, profession et domicile de son époux, si la personne décédée était mariée ou veuve ;

6° Les prénoms, noms, professions et domiciles de ses père et mère, *autant qu'on pourra les savoir*;

7° Les prénoms, noms, âge, professions et domiciles des deux déclarans; leur degré de parenté avec le défunt, ou l'indication de leur qualité, lorsqu'ils sont seulement voisins, ou maîtres de la maison dans laquelle le décès a eu lieu; (*Art.* 79, *C. c.*)

8° La mention que l'Officier de l'état civil s'est assuré du décès. (*Décision du Ministre de la Justice, du* 28 *avril* 1836.) — Voy. les exemples XXXI, XXXII.

398. Si la personne décédée est inconnue, l'acte doit énoncer son sexe, son âge apparent, les vêtemens qu'elle portait, les marques particulières qu'elle pouvait avoir, les papiers et autres objets trouvés sur elle ou auprès d'elle, en un mot, toutes les circonstances propres à la faire reconnaître dans la suite. — Voy. l'exemple XXXIII.

399. Le genre de mort ne doit jamais être mentionné. (*Conséq. des art.* 79 *et* 85.) (1).

------

(1) Une instruction du Ministre de la Marine, du 2 juillet 1828, sur la forme des actes de l'état civil rédigés en mer, indique une exception à ce principe. Elle veut que le genre de mort soit mentionné dans les actes de décès des marins, lorsqu'il peut donner lieu à des récompenses, à des pensions ou à des gratifications en faveur de leurs familles.

Il n'y aurait pareillement aucun inconvénient à ce que, dans les actes de l'état civil dressés sur le territoire du royaume, le genre de mort fût mentionné, lorsqu'il pourrait en résulter un titre d'hon-

400. L'indication du *lieu* du décès est précisée par la désignation de la commune et de la maison où il est arrivé.

Si le défunt avait été trouvé mort sur une grande route, dans les champs, dans l'eau, sur le bord de la mer, sur le bord d'un fleuve, ou dans tout autre lieu semblable, d'où pourrait s'induire l'idée d'une mort violente ou volontaire, il suffirait d'énoncer la commune où la mort a eu lieu, à moins qu'il ne s'agît d'un inconnu, auquel cas les circonstances du lieu où il a été trouvé sont énoncées, ainsi qu'il a été dit au n° 398. — Voy. l'exemple XXXIII.

401. Les deux personnes qui ont déclaré le décès et qui servent en même temps de témoins dans l'acte, doivent le signer avec l'Officier de l'état civil, ou mention est faite de la cause qui les empêche de signer. (*Art.* 39, *C. c.*)

Section IV. — Inhumation.

402. L'autorisation d'inhumer est délivrée sur papier libre et sans frais. (*Art.* 77, *C. c.*)

Elle doit contenir la désignation exacte de la personne décédée, et l'indication de l'heure à laquelle il sera permis de l'inhumer — Voy. l'exemple XXXVI.

---

neur pour la mémoire du défunt, ou un droit à des récompenses ou à des indemnités pour sa famille : par exemple, s'il était mort en secourant des naufragés ou des incendiés; en accomplissant un devoir d'ordre public, comme celui de garde national; en défendant le territoire contre l'invasion de l'ennemi. Mais, hors ces cas et autres semblables, tout-à-fait exceptionnels, il faut s'abstenir de mentionner les causes de la mort.

403. Dans les cas ordinaires , l'inhumation ne peut
avoir lieu, et on ne doit permettre de la faire que vingt-
quatre heures après le décès. (*Art.* 77, *C. c.*)

Pour assurer l'observation de cette règle et empêcher
les inhumations précipitées., il est très-important que
l'Officier de l'état civil se fasse indiquer très-exactement
l'*heure* du décès., et s'assure que cette indication n'est
pas mensongère.

404. Lorsqu'il peut y avoir danger pour la salubrité
publique à attendre l'expiration des vingt-quatre heures,
comme, par exemple, dans le cas de putréfaction rapide,
ou de maladie contagieuse ou épidémique, l'inhumation
peut être permise avant l'expiration de ce délai ; mais,
ce ne doit jamais être qu'en grande connaissance de
cause, et en ayant soin de mentionner les motifs d'urgence dans le permis d'inhumer.

405. Toute personne qui participe d'une manière
quelconque à l'enlèvement, transport, dépôt, présentation à l'église ou au temple, ou à l'inhumation d'un
corps, sans qu'il lui soit justifié de l'autorisation accordée
par l'Officier de l'état civil, ou avant l'heure fixée par
cette autorisation , est passible d'un emprisonnement
de six jours à deux mois et d'une amende de 16 fr. à
50 fr. (*Art.* 358 , *C. p.*)

Cette peine est applicable notamment , 1° aux curés ,
desservans ou pasteurs, qui auraient été lever le corps
et l'auraient accompagné à l'église , au temple ou au
cimetière , ou qui l'y auraient reçu , avant l'autorisation ou avant l'heure fixée par l'autorisation ; 2° aux
Maires, Adjoints et autres membres des administrations
municipales, qui l'auraient souffert. (*Décret du 4
thermidor an XIII.*)

406. L'inhumation ne peut être faite ni permise que dans l'un des cimetières publics de la commune où le décès a eu lieu. (*Décret du 23 prairial an XII, art. 2 et 15.*)

Aucune inhumation ne peut avoir lieu dans les églises, temples, synagogues, hôpitaux, chapelles publiques, et généralement dans aucun des édifices clos et fermés où les citoyens se réunissent pour la célébration de leurs cultes, ni dans l'enceinte des villes et bourgs. (*Même décret, art. 1ᵉʳ.*)

407. Néanmoins, chacun peut être enterré sur sa propriété, close ou non close, pourvu qu'elle soit à plus de 40 mètres de distance de l'enceinte des villes, villages ou bourgs. (*Même décret, art. 2.*)

Lorsque le défunt en a manifesté le désir dans son testament ou dans tout autre acte, ou lorsque ses parens ou ses amis le demandent, l'Officier de l'état civil doit le mentionner dans le permis d'inhumer, en y indiquant le lieu où l'inhumation doit se faire. — Voyez l'exemple XXXVII.

Si ce lieu est dans le territoire de sa commune, il veille lui-même à ce que l'inhumation se fasse avec toutes les précautions exigées par la salubrité et la décence, notamment à ce que la fosse ait la profondeur ordinaire d'un mètre cinq décimètres à deux mètres. (*Décret du 23 prairial an XII, art. 4.*)

408. Si la propriété particulière où l'on a le projet de faire l'inhumation, est dans une autre commune, l'Officier de l'état civil veille à ce que le transport du corps soit fait avec toutes les précautions convenables. Si ce transport doit être long, il est nécessaire que le corps soit embaumé. Dans tous les cas, on doit le placer

soigneusement dans un ou plusieurs cercueils assez-soli-
dement fermés, pour qu'aucune émanation putride ne
s'en échappe.

L'Officier de l'état civil dresse un procès-verbal énonçant l'état du corps et du cercueil, la personne ou les
personnes à qui il le confie sous leur responsabilité, et
le lieu où il doit être transporté. — Voyez l'exemple
XXXVIII.

Expédition de ce procès-verbal est immédiatement
adressée au Maire de la commune dans le territoire de
laquelle doit se faire l'inhumation, afin que ce fonctionnaire puisse veiller à ce qu'elle ait lieu conformément aux règles tracées par la loi.

Enfin, il est délivré au voiturier, charretier ou conduc-
teur, chargé du transport, une sorte de passe-port, contenant la désignation du corps et du cercueil, l'indication
du lieu où il doit être conduit et déposé, et des personnes sur la demande de qui l'enlèvement a été autorisé.
— Voy. l'exemple XXXIX.

Si l'Officier de l'état civil a cru devoir prescrire quelques mesures particulières, dans l'intérêt de la décence
ou de la salubrité publique, il en fait mention dans
cette pièce.

Chapitre II.

Des Actes de Décès dans quelques circonstances particulières.

Section Première. — Enfans mort-nés.

409. Il a été déjà parlé, à l'occasion des naissances,
des actes concernant les enfans mort-nés, ou dont la

naissance n'a point été enregistrée.—Voy. n°⁵ 125, 126, 127.

Ces actes doivent énoncer seulement que l'enfant a été présenté sans vie à l'Officier de l'état civil.

Ils sont couchés sur les deux registres des décès et rédigés, comme les actes de décès ordinaires, sur la déclaration de deux témoins. — Voy. n°⁵ 391, 392, 393, 394.

Ils indiquent l'année, le jour et l'heure où l'enfant est sorti du sein de sa mère, et les noms, prénoms, âge, professions et domicile du père et de la mère. (*Décret du 4 juillet* 1806, *art.* 1 *et* 2.) — Voy. l'exemple XXXV.

Section II. — Jumeaux.

410. Lorsque deux ou plusieurs enfans, dont la naissance n'avait pas été enregistrée, étaient nés jumeaux, il faut dresser autant d'actes de décès spéciaux et séparés qu'il y a d'enfans, en énonçant, relativement à chacun d'eux, qu'il était jumeau, et en indiquant l'ordre dans lequel il est sorti du sein de sa mère. — Voy. n°⁵ 121, 122, 123.

Section III. — Décès dans les hôpitaux et autres maisons publiques.

411. En cas de décès dans les hôpitaux militaires ou civils, ou dans toute autre maison publique ou établissement public, les supérieurs, directeurs, administrateurs ou maîtres de ces maisons ou établissemens, sont tenus d'en donner avis, *dans les vingt-quatre heures*, à l'Officier de l'état civil. Ce fonctionnaire s'y transporte pour s'assurer du décès, et il dresse l'acte d'après les déclarations qui lui sont faites par les chefs ou employés de l'établissement, et sur les renseignemens résultant des nôtes et registres qui y sont tenus. (*Art.* 80, *C. c.*) — Voy. l'exemple XXXIII.

Néanmoins, quand il s'agit d'un établissement placé spécialement sous la direction ou la surveillance de l'autorité, tel qu'un hôpital, l'Officier de l'état civil peut se dispenser de s'y transporter pour vérifier le décès, et se contenter du certificat délivré par le médecin ou le chirurgien de l'établissement.

Expédition de l'acte est ensuite transmise au domicile du défunt, ainsi qu'il est dit ci-après, n° 424.

Section IV· — Décès dans les prisons et maisons de réclusion.

412. En cas de décès dans les prisons ou maisons de réclusion et de détention, il en est donné avis, sur-le-champ, par les concierges ou gardiens, à l'Officier de l'état civil, qui doit s'y transporter pour s'assurer du décès, et en dresser l'acte, ainsi qu'il est dit au numéro précédent. (*Art.* 84, *C. c.*) — Voy. l'exemple XXXIV.

Il peut néanmoins également se dispenser de ce transport, si l'avis du décès est accompagné de l'attestation du médecin ou du chirurgien de l'établissement.

Expédition de l'acte est transmise au domicile du défunt, comme il est dit ci-après, n° 424.

Section V. — Exécutions à mort.

413 Lorsqu'un arrêt ou un *jugement*, portant peine de mort, a été exécuté, le greffier qui a assisté à l'exécution doit, *dans les vingt-quatre heures*, transmettre à l'Officier de l'état civil du lieu où le condamné a été exécuté, tous les renseignemens énoncés au n° 397.

L'acte est dressé d'après ces renseignemens. (*Art.* 83, *C. c.*)

L'Officier de l'état civil est, dans ce cas, dispensé de toute vérification du décès.

Section VI. — Morts violentes.

414. Toutes les fois que les déclarations faites à l'Officier de l'état civil, sa propre vérification, les renseignemens qui lui sont parvenus, ou la rumeur publique lui font supposer qu'il existe des signes ou indices de mort violente, ou d'autres circonstances qui donnent lieu de le soupçonner, l'Officier de l'état civil ne doit laisser faire l'inhumation qu'après qu'un officier de police, assisté d'un docteur en médecine ou en chirurgie, a dressé procès-verbal de l'état du cadavre et des circonstances relatives aux causes de la mort.

Le même procès-verbal doit contenir tous les renseignemens que l'officier de police aura pu recueillir sur les prénoms, nom, âge, profession, lieu de naissance et domicile de la personne décédée. (*Art.* 81, *C. c.*)

Il doit être sursis à l'inhumation, jusques après la rédaction de ce procès-verbal, quand même le permis d'inhumer aurait déjà été délivré et l'acte de décès dressé et signé.

L'Officier de l'état civil doit même autoriser l'exhumation, lorsqu'elle est nécessaire pour les opérations de l'officier de police.

415. Sous la qualification de morts violentes, on comprend les meurtres, les assassinats, les empoisonnemens, les duels suivis de mort, les suicides, les homicides involontaires résultant de maladresses ou d'imprudences, et même les morts causées par des événemens fortuits (1).

_____

(1) Quiconque recèle ou cache le cadavre d'une personne homicidée ou morte des suites de coups ou de blessures, est passible d'un emprisonnement de six mois à deux ans, et d'une amende de 50 fr. à 400 fr., même quand il n'aurait nullement participé aux circonstances qui ont causé la mort. (*Art.* 359, *C. p.*)

416. Les Officiers de police ayant le droit de dresser procès-verbal en pareille circonstance, sont les Procureurs du Roi et leurs Substituts ;

Les Juges d'instruction ;

Les Juges de paix ;

Les Officiers de gendarmerie;

Les Commissaires de police ;

Enfin , les Préfets eux-mêmes, lorsqu'ils le jugent convenable. (*Art. 9 et 10, C. d'instruct. crim.*)

417. Les Maires et leurs Adjoints sont aussi Officiers de police judiciaire, dans l'étendue de leurs communes. Ainsi, lorsqu'il y a indice ou soupçon de mort violente, rien n'empêche qu'avant de dresser l'acte de décès et de délivrer le permis d'inhumer, en qualité d'Officiers de l'état civil, ils ne dressent eux-mêmes, comme Officiers de police, le procès-verbal de constat, dont il est parlé au n° 414. (*Art. 9 et 50, C. d'inst. crim.*)

Ils le doivent même, toutes les fois qu'il n'y a pas sur les lieux l'un des fonctionnaires indiqués au n° 416, ou que ces fonctionnaires négligent ou retardent de procéder au constat.

Tous les Officiers de police ayant des droits et des devoirs égaux, c'est à celui qui est averti le premier à procéder aux opérations prescrites par la loi. Le moindre retard peut être préjudiciable aux intérêts de la justice.

418. Lorsque le Maire ou l'Adjoint a fait lui-même le constat, il rédige l'acte de décès d'après les renseignemens recueillis dans le cours de ses opérations et consignés dans son procès-verbal.

Il transmet ensuite ce procès-verbal au Procureur du Roi de l'arrondissement. (*Art. 29 , 50, 53, C. d'inst. crimin.*)

419. Lorsque le constat a été fait par un autre Officier de police, celui-ci est tenu d'envoyer tout de suite à l'Officier de l'état civil du lieu où le décès est arrivé, les renseignemens recueillis et consignés dans son procès-verbal, mais seulement en ce qui concerne les prénoms, nom, âge, profession, lieu de naissance et domicile de la personne décédée, le jour, l'heure et le lieu du décès.

C'est d'après ces renseignemens que l'acte est rédigé. (*Art.* 82, *C. c.*)

Il en est transmis expédition au domicile du défunt, comme il est dit ci-après, n° 424.

SECTION VII. — Dispositions communes. — Prohibition de certaines énonciations.

420. Dans tous les cas de mort violente, d'exécution à mort, ou de décès dans les prisons et maisons de réclusion, les actes de décès ne doivent faire aucune mention de ces circonstances, ni rien contenir qui puisse les faire soupçonner. Ils doivent être rédigés dans les formes ordinaires. (*Art.* 85, *C. c.* — *Loi du 21 janvier 1790, art. 2.*)

Ainsi, quoique l'Officier de l'état civil doive les dresser d'après les renseignemens qui lui sont transmis par les concierges ou gardiens des prisons (n° 412), par les greffiers criminels (n° 413), ou par les Officiers de police (n° 419), il ne doit pas moins se faire assister de deux témoins, et énoncer que le décès a été déclaré et certifié par eux, comme dans les cas ordinaires. — Voy. l'exemple XXXIV.

SECTION VIII. — Morts accidentelles dans les mines et carrières.

421. Il est expressément prescrit aux Maires et autres Officiers de police de se faire représenter les corps des ouvriers qui auraient péri par accident dans une exploitation , et de ne permettre leur inhumation, qu'après que le procès-verbal de l'accident aura été dressé , conformément à ce qui a été dit au n° 414. (*Décret du 3 janvier* 1813 *, art.* 18.)

Les peines énoncées au n° 414 sont applicables à toute personne qui aurait dissimulé un accident de ce genre, et n'aurait pas mis les Officiers de police à même de le constater. (*Décret du 3 janvier* 1813 *, art.* 18. — *Art.* 359 *, C. p.*)

422. Lorsqu'il y a impossibilité de parvenir jusqu'au lieu où se trouvent les corps des ouvriers qui ont péri dans les travaux, les exploitans , directeurs , ou leurs agens et représentans sont tenus de faire constater cette circonstance par le Maire ou autre fonctionnaire public, qui en dresse procès-verbal et le transmet au Procureur du Roi.

Sur la réquisition de ce magistrat, et sur l'autorisation du Tribunal , ce procès-verbal est annexé aux registres des décès ; mais il ne peut être transcrit sur ces registres pour tenir lieu d'acte de décès, qu'autant que le Tribunal l'aurait ainsi ordonné. (*Décret du 3 janvier* 1813 *, art.* 19 *et* 21.)

Chapitre III.

De certaines obligations des Officiers de l'état civil et des Secrétaires des mairies, à suite des décès. — Transmission des actes.
— Relevé des registres.

423. Les Officiers de l'état civil doivent donner avis,
sans délai, au Juge de paix du canton, ou à son Sup-
pléant, de la mort de toute personne, décédée dans leur
commune, qui laisse pour héritiers des mineurs ou des
absens, à peine de suspension de leurs fonctions. (*Arrêté
du 22 prairial an V.*)

424. En cas de décès dans les hôpitaux et autres maisons publiques, dans les prisons, maisons de réclusion
ou de détention, et dans tous les cas de mort violente,
constatée ainsi qu'il est dit aux n°s 414, 415, 416, 417,
421, l'Officier de l'état civil qui a dressé l'acte de décès,
doit en envoyer une expédition à celui du dernier domicile de la personne décédée, si ce domicile est connu.
(*Art.* 80, 82, 84, *C. c.*)

Cette expédition y est transcrite sur les registres des
décès, à la date du jour où on la reçoit. — Voyez
l'exemple XL.

425. Les Officiers de l'état civil doivent aussi envoyer,
savoir :

Au Juge de paix de leur canton, une expédition de
l'acte de décès des rentiers viagers et des pensionnaires
de l'état, décédés dans leurs communes, avec indication
du montant de la rente viagère ou de la pension et de
sa nature (civile, ecclésiastique, ou de veuve de militaire); (*Circ. du 22 novembre* 1814.)

426. Au Procureur du Roi de leur arrondissement, une expédition des actes de décès des membres de la Légion d'Honneur; (*Circulaire du 10 juillet 1817.*)

427. A l'intendant ou sous-intendant militaire de la division ou subdivision : 1° une expédition de l'acte de décès de tout militaire en non activité, en retraite ou en réforme, jouissant d'une solde ou pension de non activité, de retraite ou de réforme; (*Circulaire du 22 novembre 1814.*)

2° Deux expéditions de l'acte de décès de tout militaire en activité de service (soldat, sous-officier ou officier), mort dans un hôpital militaire, en ayant soin d'y relater le n° du registre-matricule indiqué sur le billet d'entrée ou sur les autres papiers du militaire. (*Inst. du Minist. de la Guerre, du 24 brumaire an XII.*)

Ces deux expéditions sont indépendantes de celle qui doit être adressée à l'Officier de l'état civil du domicile du militaire décédé dans un hospice. — Voy. 424.

428. Dans les mois de janvier, avril, juillet et octobre, les secrétaires des mairies doivent faire le relevé des actes de décès survenus dans les trois mois précédens, et l'envoyer au receveur de l'enregistrement du canton, sous peine d'une amende de dix francs.

Le receveur doit leur en donner récépissé.

Le relevé et le récépissé se font sur papier non timbré. (*Loi du 22 frimaire an VII, art. 55. — Loi du 17 juin 1824, art. 10.*)

429 Toutes les expéditions et tous les extraits faits et transmis dans les cas ci-dessus prévus, sont également exempts de la formalité du timbre, pourvu que leur destination y soit énoncée. (*Loi du 13 brumaire an VII, art. 16, n° 1*).

SIXIÈME PARTIE.

DES ACTES DE L'ÉTAT CIVIL DES FRANÇAIS HORS DU ROYAUME ET DANS LES PARTIES DU ROYAUME AVEC LESQUELLES LES COMMUNICATIONS SONT INTERDITES.

CHAPITRE PREMIER.

Des Actes de l'état civil en mer.

430. Les naissances et les décès qui surviennent en mer, sur les bâtimens de l'état ou du commerce, sont constatés, savoir : à bord des bâtimens de l'état, par les officiers d'administration de la marine, et sur les bâtimens appartenant à des particuliers, par le capitaine, le maître ou le patron du navire. (*Art.* 59 *et* 86   *C. c.*)

Les formes de ces actes, dont il est inutile de s'occuper ici, sont tracées dans les articles 59, 60, 61, 86, du Code civil et dans une instruction du Ministre de la Marine, du 2 juillet 1828.

431. Les mariages ne peuvent pas être contractés sur mer, devant les officiers d'administration, capitaines, maîtres ou patrons, qui n'ont que le pouvoir de constater les naissances et les décès.

432. Au premier port où le bâtiment aborde, soit pour relâche, soit pour toute autre cause que celle de son désarmement, l'officier d'administration de la marine, ou le capitaine, maître ou patron, qui a rédigé l'acte de naissance ou de décès, est tenu d'en remettre deux expéditions, savoir : dans les ports français, au bureau du

préposé à l'inscription maritime, et dans les ports étrangers, entre les mains du consul, vice-consul, ou autre agent diplomatique du Gouvernement français.

L'une de ces expéditions reste déposée au bureau de l'inscription maritime ou à la chancellerie du consulat; l'autre est envoyée par le fonctionnaire au bureau de qui elle a été déposée, au Ministre de la Marine. Le Ministre en transmet une copie certifiée, savoir : lorsqu'il s'agit d'un acte de naissance, à l'Officier de l'état civil du domicile du père de l'enfant, ou de la mère, si le père est inconnu; et lorsqu'il s'agit d'un acte de décès, à l'Officier de l'état civil du dernier domicile de la personne décédée.

L'Officier de l'état civil inscrit ces copies sur les registres respectifs des naissances et des décès de sa commune.

Cette inscription doit être faite le jour même et sous la date du jour où la copie parvient à l'Officier de l'état civil, quelque ancienne que soit la date de l'acte. (*Art.* 60 *et* 87, *C. c.*) — Voy. l'exemple XL.

433. A l'arrivée du bâtiment dans le port de désarmement, le rôle d'équipage, où sont inscrits les actes, est déposé au bureau du préposé à l'inscription maritime, qui en envoie expédition signée de lui à l'Officier de l'état civil du domicile du père de l'enfant, ou de la mère si le père est inconnu, pour les actes de naissance, et à l'Officier de l'état civil du dernier domicile de la personne décédée, pour les actes de décès.

L'Officier de l'état civil inscrit cette expédition sur les registres courans, ainsi qu'il est dit au n° précédent, quoique il y ait déjà inscrit la copie envoyée par le Ministre de la Marine. (*Art.* 61, 87, *C. c.*)

434 Si les deux copies ou expéditions du même acte parviennent en même temps à l'Officier de l'état civil, il les inscrit l'une à la suite de l'autre, à la date du même jour.

CHAPITRE II.

Des Actes de l'état civil aux armées.

———

435. Les actes de l'état civil (naissances, reconnaissances, publications, mariages, décès) concernant les militaires et les autres personnes employées aux armées ou à leur suite, *lorsqu'elles sont hors du territoire du royaume,* sont reçus et rédigés, suivant les cas, par les majors, par les capitaines-commandans, par les intendans et sous-intendans militaires; et en outre, pour les décès seulement, par les directeurs des hôpitaux militaires. (*Art.* 89, 90, 94, 96, 97, *C. c.*)

436. Les formes de ces actes et la compétence des officiers et fonctionnaires chargés de les recevoir, sont tracées par les art. 88 à 98 du Code civil.

437. Les officiers ou fonctionnaires militaires, qui ont reçu les actes, sont tenus d'en envoyer expédition, savoir:

Pour les naissances, à l'Officier de l'état civil du domicile du père de l'enfant, ou de la mère, si le père est inconnu;

Pour les mariages, à l'Officier de l'état civil du dernier domicile des époux;

Et pour les décès, à l'Officier de l'état civil du dernier domicile de la personne décédée. (*Art.* 93, 95, 97, *C. c.*)

438. L'Officier de l'état civil qui reçoit une de ces expéditions, doit la transcrire immédiatement, à quelque
époque qu'il la reçoive, et à la date du jour où elle lui
parvient, sur les deux registres courans des naissances,
des mariages, ou des décès, suivant qu'il s'agit d'une
naissance, d'un mariage ou d'un décès. (*Art.* 98, *C. c.*)
— Voy. l'exemple XL.

439. Les actes de l'état civil concernant les militaires et autres personnes employées aux armées ou à
leur suite, pourraient être reçus dans la forme indiquée
aux nᵒˢ 455 et 436, *même sur le territoire du royaume,*
si le corps ou le détachement auquel ces personnes ap-
partiennent, s'y trouvait assiégé ou bloqué, ou que, par
suite de rébellion ou autrement, les communications
fussent impossibles entre ce corps et les autorités civiles
ordinaires.

CHAPITRE III.

Des Actes en pays étranger, pour les Français qui ne sont point aux armées ou à leur suite.

440. Les actes de l'état civil concernant les français
qui sont en pays étranger, autrement qu'aux armées ou
à leur suite, peuvent être reçus, soit par les autorités
locales étrangères, soit par les agens diplomatiques ou
les consuls français. (*Art.* 47 et 48, *C. c.* — *Avis du
Conseil d'État, du 4 brumaire an XI.* — *Ordon. du
23 et du 26 octobre* 1833.)

441. Si l'acte est reçu par une autorité étrangère, il
fait foi en France, pourvu qu'il ait été rédigé dans les
formes usitées dans le pays où il a été reçu. (*Art.* 47, *C. c.*)

442. Si l'acte a été reçu par un agent diplomatique ou un consul, il est aussi valable que s'il eût été reçu en France par les Officiers ordinaires de l'état civil, pourvu qu'il ait été rédigé conformément aux lois françaises. (*Art.* 48, *C. c.*)

443. Les actes de naissance, de reconnaissance, d'adoption ou de décès, reçus en pays étranger, dans les deux cas ci-dessus énoncés, n'ont pas besoin d'être transcrits en France sur les registres du domicile des parties.

444. Les actes de mariage contractés à l'étranger, entre français, ou entre français et étrangers, soit devant les autorités du pays, soit devant les agens diplomatiques ou consuls français, doivent être transcrits sur le registre des mariages du domicile du mari, si le mari et la femme ou le mari seulement, sont français, ou *sur le registre du domicile de la femme, si la femme seulement est française.* (*Art.* 171, *C. c.*)

445. La transcription se fait, à la réquisition des parties intéressées, *dans les trois mois* du retour du français en France. (*Art.* 171, *C. c.*) — Voy. l'ex. XLI.

446. Néanmoins, quoiqu'elle fût requise postérieurement à ce délai, l'Officier de l'état civil devrait toujours la faire, sauf aux parties intéressées à prendre tel avantage que de droit de ce retard.

CHAPITRE IV.

Des Actes dans les lazarets et autres lieux avec lesquels les communications sont interdites par les lois sur la police sanitaire.

447. Les naissances et les décès, qui surviennent dans l'enceinte et les parloirs des lazarets et autres lieux avec

lesquels la communication est interdite par les lois et règlemens sur la police sanitaire, sont constatés par le Président semainier de l'intendance ou de la commission sanitaire, assisté du secrétaire, en présence de deux témoins. (*Loi du 3 mars 1822, art. 19. — Ordon. du 7 août 1822, art. 77.*)

448. Dans les vingt-quatre heures, expédition de l'acte est adressée à l'Officier de l'état civil de la commune où est situé l'établissement, et doit être par lui transcrite sur les registres courans, à la date du jour où il la reçoit. (*Loi du 3 mars 1822, art. 19.*)(1).

---

(1) Le mariage ne pourrait être valablement contracté devant les membres des intendances et commissions sanitaires: ils n'ont de compétence que pour les actes urgens, tels que les actes de naissance ou de décès et les testamens.

SEPTIÈME PARTIE.

De la Rectification et du Remplacement des Actes de l'état civil.

—

SECTION PREMIÈRE. — Dans quels cas les rectifications et les remplacemens peuvent avoir lieu.

449. Lorsqu'il existe quelque erreur ou quelque omission dans les énonciations d'un acte de l'état civil, ou dans la désignation des personnes qui y sont dénommées, ou qu'il y est survenu quelque altération, l'acte peut être rectifié. (*Art.* 99, *C. c.*)

450. Pareillement, lorsqu'il n'a pas existé de registres, ou que les registres sur lesquels un acte était inscrit sont perdus, détruits, ou présentent des lacunes, on peut faire rétablir les actes qui manquent, en prouvant leur existence par les moyens indiqués par la loi. (*Art.* 46, *C. c.*)

On peut aussi faire remplacer les actes dont l'inscription a été omise.

SECTION II. — Par qui les rectifications et les remplacemens doivent être demandés et ordonnés.

451. Aucune rectification, aucun remplacement ne peuvent être faits d'office par l'Officier de l'état civil, c'est-à-dire, de son propre mouvement.

Il faut qu'ils aient été ordonnés par un jugement. (*Art.* 46, 99, 100, *C. c.*)

Seulement si, au moment où un acte est transcrit, ou vient de l'être, l'Officier de l'état civil ou les parties s'aperçoivent d'une omission, on peut la réparer immédiatement, pourvu que toutes les parties qui figurent dans l'acte et les témoins soient encore présens et concourent à la rectification. Elle se fait alors au moyen d'une rature, d'une addition ou d'un renvoi, qui doivent être approuvés et signés par les parties, les témoins et l'Officier de l'état civil, ainsi qu'il a été dit aux n.ºs 77, 78, 79. (*Avis du Conseil d'État, du 3o frimaire an XII. — Décision du Ministre de la Justice, du 29 prairial an XIII et du 6 janvier 1829. — Avis du Conseil d'État, du 13 nivôse an X.*)

452. Les rectifications et les remplacemens d'actes doivent être demandés au Tribunal compétent, par les parties intéressées. (*Art.* 46 , 99, *C. c.;* 855, *C. de p.* — *Avis du Conseil d'État, du 13 nivôse an X.*) (1)

453. Le Procureur du Roi peut les demander d'office :
1° Dans l'intérêt des personnes indigentes; (*Loi du 25 mars 1817, art. 75. — Déc. des Ministres de la Justice et des Finances, du 6 brumaire an XI.*)
2° Lorsque l'acte a été altéré par suite d'un fait impu-

---

(1) Lorsqu'il s'agit du rétablissement d'un acte omis, la partie qui le réclame doit remettre, à l'appui de sa demande, un certificat de l'Officier de l'état civil du lieu où l'acte aurait dû être inscrit, ou du greffier du Tribunal de l'arrondissement, constatant que, recherches faites sur les registres déposés en leurs mains, l'acte dont il s'agit n'y a point été trouvé. L'usage est que ces recherches s'étendent à 10 années avant et 10 années après l'époque présumée de l'acte, et le certificat doit en faire mention.

table à l'Officier de l'état civil, et généralement dans tous les cas où l'altération, la destruction ou la suppression de l'acte est le résultat d'un crime ou d'un délit ;

3° Lorsqu'il s'agit de faire rétablir en masse un grand nombre d'actes de l'état civil omis ou détruits, ou de remplacer des registres perdus, détruits ou qui n'auraient pas été tenus ; (*Circ. du Ministre de la Justice, du 4 novembre 1814. — Ordonnance du 9 janvier 1815. — Loi du 25 mars 1817, art. 75.*)

4° Lorsqu'il s'agit d'un acte dont le rétablissement ou la rectification intéresse l'ordre public ; par exemple, de l'acte de naissance d'un individu appelé par son âge au recrutement de l'armée. (*Avis du Conseil d'État, du 12 brumaire an XI. — Circ. du Ministre de la Justice, du 22 brumaire an XIV et du 27 novembre 1821. — Décret du 18 juin 1811, art. 122.*)

454. Les rectifications, remplacemens et rétablissemens d'actes peuvent aussi résulter des jugemens rendus par les Tribunaux civils ou criminels, à la suite d'un procès sur l'état civil d'une personne, ou d'une procédure criminelle pour suppression d'état, faux ou destruction de titres. (*Art 198, 312, 320, 323, 326, 340, 341, C. c. ; art. 241, C. de p. ; art. 463, C. d'inst. crim. ; art. 173, 254, 255, 345, 439, C. pénal.*)

SECTION III. — Forme des rectifications et des énonciations à faire sur les registres.

455. Après que la rectification, le rétablissement ou le remplacement d'un acte a été ordonné par le Tribunal compétent, on remet une expédition du jugement ou de l'arrêt à l'Officier de l'état civil du lieu où l'acte

rectifié ou rétabli avait été inscrit, ou de celui où il aurait dû l'être, quand il s'agit d'un acte omis. (*Art.* 857,
C. de p.)

456. L'Officier de l'état civil doit transcrire immédiatement ce jugement sur les deux exemplaires du registre
auquel l'acte appartient par sa nature.

La transcription se fait sur les registres courans, à la
date du jour où l'expédition est parvenue à la mairie ,
quelle que soit la date de l'acte rectifié, remplacé ou
rétabli. (*Art.* 101, *C. c.* ; 857 , *C. de p.*)

L'expédition du jugement ou de l'arrêt demeure annexée aux registres. — Voy. n°' 80, 81, 82, et l'exemple
XLII.

457. L'Officier de l'état civil ne peut, en vertu d'un
jugement de rectification , faire aucun changement à
l'acte rectifié. Cet acte doit rester tel qu'il était primiti-
vement. (*Art.* 857 , *C. de p.*)

458. Seulement il doit faire mention de la rectification, *en marge* de l'acte réformé. (*Art.* 101, *C. c.* ;
857, *C. de p.*)

Cette mention se fait sommairement, en indiquant le
Tribunal ou la Cour qui a ordonné la rectification , la
date du jugement ou de l'arrêt, et les mots, les dates ou
les indications dont la correction, l'addition ou la suppression a été ordonnée.

Elle est signée par l'Officier de l'état civil. — Voy.
l'exemple XLIII.

459. Si l'acte rectifié appartient à l'année courante ,
l'Officier de l'état civil doit inscrire la mention de la
rectification à la marge des deux originaux de l'acte,
qui sont encore en son pouvoir.

S'il appartient à une année expirée, dont le registre
ait été clôturé et déposé au greffe du Tribunal de première instance (Voy. n° 40), l'Officier de l'état civil,
après avoir inscrit la mention de la rectification à la
marge de l'exemplaire qui est en son pouvoir, en donne
avis au Procureur du Roi, afin que ce magistrat puisse
faire inscrire la même mention en marge de l'exemplaire du registre déposé au greffe.

Cet avis doit être donné dans les trois jours. (*Art.*
49, *C. c.*)

460. Lorsqu'il est demandé expédition d'un acte de
l'état civil dont la rectification a été ordonnée, cette
expédition ne peut être délivrée qu'avec la mention
de la rectification prescrite. (*Art.* 857, *C. de p. — Avis
du Conseil d'État, du 4 mars 1808.*)

En conséquence, l'expédition doit contenir : 1° la
copie littérale et exacte de l'acte, tel qu'il a été primiti-
vement rédigé; 2° la copie également littérale de la
mention de rectification, telle qu'elle est portée à la
marge de l'acte.

461. Quant aux jugemens qui ordonnent le remplacement ou le rétablissement d'un acte, et qui doivent en
tenir lieu, l'Officier de l'état civil n'a qu'à les transcrire,
à la date du jour où il les reçoit, sur les deux exemplaires du registre courant auquel cet acte appartient
par sa nature.

Il n'a pas à en faire mention sur le registre de l'année
à laquelle l'acte aurait appartenu par sa date.

462. Les actes de notoriété et les jugemens d'homologation, obtenus par les futurs époux pour remplacer leurs
actes de naissance (Voy. n°° 321, 322, 323, 324), ne
peuvent pas être transcrits sur les registres. Ils ne tien-

nent lieu d'acte de naissance qu'à l'occasion du mariage à contracter.

Il en est de même des rectifications faites à l'occasion d'un mariage, dans la forme indiquée aux n°⁵ 379 et 382. Ces sortes de rectifications ne doivent être mentionnées que dans l'acte de mariage, pour la célébration duquel elles ont été nécessaires. Il n'en peut être fait aucun autre usage, et l'on ne peut en faire mention dans aucune autre partie des registres.

SECTION IV. — Dispositions spéciales pour le constat du décès des militaires qui ont été sous les drapeaux, depuis 1792 jusqu'au traité de paix de 1815.

463. Une loi du 13 janvier 1817, a établi des formalités spéciales pour constater les décès des militaires et marins, ayant fait partie des armées françaises, depuis le 21 *avril* 1792, jusqu'au *traité de paix du* 20 *novembre* 1815.

La preuve authentique de leur mort ne peut résulter que d'un acte de décès en forme ou d'un jugement. (*Art. 5 de la loi précitée.*)

464. Les Officiers de l'état civil ne peuvent, en conséquence, transcrire sur leurs registres que :

1° Les expéditions, extraits ou *copies* textuelles des actes de décès, dressés dans la forme indiquée aux n°⁵ 435 à 439;

2° Les expéditions des jugemens ou arrêts qui constatent le décès et ordonnent qu'ils tiendront lieu d'acte.

Aucun autre acte, aucune autre pièce ne peut être considérée comme faisant preuve authentique et complète du décès, et ne peut être transcrite sur les registres.

Ainsi, les Officiers de l'état civil ne transcriront pas :

Les certificats délivrés par le Ministre de la Guerre ou par toute autre autorité militaire, énonçant que les actes de décès ont existé, et ont été portés sur les états ou bordereaux des hôpitaux militaires; ou bien que la preuve de leur existence résulte de tout autre document;

Ni les certificats, émanés de la même source ou d'ailleurs, contenant des énonciations extraites des registres, contrôles et feuilles d'appel des corps, telles que celles-ci : *Présumé mort, le*.....

        Resté en arrière, le......

        Prisonnier de guerre, le.....

        N'a pas reparu, depuis le..... ;

Ni les certificats relatant les services et les circonstances de la cessation des services du militaire.

Tous ces certificats ne peuvent servir que de documens, pour faire admettre par les Tribunaux la preuve testimoniale du décès. (*Circ. du Ministre de la Justice, du 19 mai* 1823.)

HUITIÈME PARTIE.

—

SECTION PREMIÈRE. — Forme des extraits ou expéditions.

465. Toute personne peut se faire délivrer des expéditions ou copies des actes de l'état civil, lors même qu'ils ne sont relatifs ni à elle ni à aucun de ses parens. (*Art.* 45 *, C. c.*)

466. Ces expéditions ou copies sont aussi appelées *extraits,* parce qu'elles sont extraites des registres.

467. Malgré cette diversité de dénomination, les expéditions, copies ou extraits ne sont jamais autre chose que la copie complète et littérale de l'acte, tel qu'il est inscrit sur les registres, et des mentions, additions et rectifications qu'il peut y avoir à sa marge ou à sa suite.

468. En copiant l'acte, on ne doit nullement corriger les fautes, les omissions ni les erreurs qui s'y trouvent. Il faut toujours le reproduire *exactement tel qu'il est.*

469. S'il y manque quelque formalité; si, par exemple, une date, un nom, une ou plusieurs signatures s'y trouvent omises, on peut cependant en délivrer expédition; mais il faut que cette expédition énonce que les omissions qu'elle présente existent sur l'original.

Mais, si un acte était resté entièrement imparfait; si, par exemple, toutes les signatures y manquaient, tant celle de l'Officier de l'état civil, que celles des parties et des témoins; ou bien si , après avoir été transcrit , il avait été biffé, ou qu'on n'eût pas achevé de le transcrire, il ne pourrait en être délivré expédition qu'en vertu d'une ordonnance du Président du Tribunal de première instance. (*Art.* 841, *C. de p.*)

L'expédition délivrée, dans ce dernier cas , devrait énoncer toutes les imperfections matérielles que présenterait l'original ; par exemple , que l'acte manque absolument de signatures , ou qu'il n'a été transcrit qu'en partie , ou qu'il porte telle ou telle rature totale ou partielle , etc. , etc.

470. Les expéditions ou copies doivent, comme les originaux , contenir les dates et les nombres en toutes lettres et non en chiffres. Rien n'y doit être écrit par abréviation , à moins que l'abréviation ne se trouve dans l'original , auquel cas on doit avoir soin d'indiquer qu'on a copié littéralement et figurativement.

471. Les expéditions ou copies des actes de l'état civil doivent être sur papier timbré de la dimension de 1 fr. 25 c. (*Loi du 13 brumaire an VII , art.* 19. — *Loi du 28 avril 1816, art.* 63.)

Section II. — Par qui les expéditions peuvent être délivrées.

472. Les expéditions ou copies faites sur les registres courans ou sur l'exemplaire des registres clos déposé à la mairie , sont signées par le Maire, l'Adjoint ou le Conseiller municipal qui remplit les fonctions d'Officier de l'état civil, suivant les distinctions établies dans les nᵒˢ 52 et 55.

Celles qui sont extraites de l'exemplaire du registre déposé au greffe du Tribunal, sont signées par le greffier. (*Art.* 853, *C. de p. c.*)

Lorsqu'une expédition est signée par un Adjoint, ou par un Conseiller municipal, délégué ou procédant en l'absence ou en cas d'empêchement du Maire, elle doit mentionner la délégation, l'absence ou les autres causes d'empêchement. (*Inst. du Minist. de l'Intérieur, du 30 juillet 1807.*) — Voy. les nᵒˢ 86, 87 et 88.

473. Les secrétaires des mairies, ni aucun autre employé de la municipalité, n'ont le droit de signer les expéditions ou extraits. (*Avis du Conseil d'État, du 2 juillet 1807.*)

Leurs fonctions se bornent à les rédiger et à les soumettre à la signature du Maire ou de l'Adjoint (1).

474. Les expéditions, copies ou extraits sont intitulés, terminés et certifiés de la manière suivante :

« *Extrait du registe des......(naissances, publica-*
» *tions, mariages ou décès)...... de la commune de......*
» *pour l'année...... »*

(Suit la copie entière de l'acte et des annotations ou corrections inscrites à la marge.)

« *Certifié le présent extrait conforme au registre,*
» *par nous Maire et Officier de l'état civil de la com-*
» *mune de..... ;*

» *Ou, par nous Adjoint à la mairie, remplissant*
» *les fonctions d'Officier de l'état civil de la commune*
» *de.... en remplacement du Maire absent (ou malade,*
» *ou empêché);*

» *Ou, par nous Adjoint à la mairie, remplissant*

---

(1) Néanmoins, les expéditions, copies ou extraits, délivrés et signés par des secrétaires ou secrétaires-généraux des mairies, dans l'intervalle du 28 pluviôse an VIII, au 2 juillet 1807, peuvent être considérés et reçus comme valables et authentiques. (*Même avis du Conseil d'État.*)

» *les fonctions d'Officier de l'état civil de la commune*
» *de...., par suite de la délégation du Maire, contenue*
» *dans l'arrêté du.....*

» Ou, *par nous Membre du Conseil municipal de*
» *la commune de....., remplissant les fonctions d'Offi-*
» *cier de l'état civil, en l'absence (ou en remplace-*
» ment ou à défaut) *du Maire et des Adjoints.* »

SECTION III. — Légalisation.

475. Les expéditions, copies ou extraits doivent être
légalisés par le Président du Tribunal de première instance de l'arrondissement, ou par le Juge qui le remplace. (*Art. 45, C. c.*)

La légalisation est l'attestation de la vérité des signatures apposées à un acte ou à une expédition, et de la
qualité de la personne qui l'a fait ou expédié.

La légalisation est faite, savoir :

1° Pour tous les actes, expéditions, extraits émanés
des Officiers de l'état civil, par le Président du Tribunal
de première instance dans l'arrondissement duquel l'acte
a été expédié ; (*Art. 45, C. c. — Loi du 6 mars* 1791,
art. 11.)

2° Pour les actes des notaires et les expéditions qu'ils
en délivrent, par le Président du Tribunal de première
instance de leur résidence, ou le Juge qui le remplace;
(*Loi du 25 ventôse an XI, art.* 28.) (1)

_____

(1) Les actes des notaires qui résident dans un chef-lieu de Cour
royale, ne sont soumis à la légalisation, que lorsqu'on s'en sert hors
du ressort de cette Cour. Ceux des autres notaires n'y sont soumis,
que lorsqu'on s'en sert hors de leur département. (*Loi du 25 ventôse an XI, art.* 28.)

3° Les actes et les certificats des Maires et Adjoints, non relatifs à l'état civil, sont légalisés par les Sous-Préfets, lorsqu'on ne doit pas s'en servir hors de l'arrondissement d'où dépend la commune , et par les Préfets, lorsqu'on doit s'en servir hors de l'arrondissement ;

4° Les actes faits en pays étranger sont légalisés par les ambassadeurs , consuls , vice-consuls et autres agens diplomatiques ou commerciaux résidant dans le lieu où l'acte a été passé ; et la signature des ambassadeurs, consuls ou agens doit, à son tour , être visée au Ministère des Affaires Étrangères. (*Ord. du 20 mai 1818 , art. 2 ; du 25 octobre 1833 , art. 6 , 9 , 10 ; du 26 octobre de la même année , art. 7.*)

Il est dû aux greffiers des Tribunaux de première instance, 25 c. pour chaque légalisation. (*Loi du 21 ventôse an VII , art. 14.*)

SECTION IV. — Droits dûs pour la délivrance des extraits.

476. Il est dû à la mairie , pour la délivrance des extraits des actes de l'état civil, savoir:

1° Dans les villes et communes qui ont moins de 50,000 habitans ,

Pour chaque expédition, copie ou extrait des actes de naissance, de décès et de publication de mariage, 30 c. ;

Pour chaque expédition, copie ou extrait des actes de mariage et d'adoption , 60 c. ;

2° Dans les villes qui ont plus de 50,000 habitans,

Pour chaque expédition des actes de naissance, de décès et de publication de mariage , 50 c. ;

Pour chaque expédition des actes de mariage et d'adoption , 1 fr.

Il est dû, en outre, 1 fr. 25 c. pour le papier timbré,

lorsqu'il a été fourni par la mairie. (*Décret du 12 juillet 1807, Art. 1 et 2.*) (1)

Le décret du 12 juillet 1807, ne parle pas du droit dû pour les actes de reconnaissance. Certains greffiers prennent le même droit que pour les actes de mariage et d'adoption ; d'autres ne prennent que le simple droit de 30 c. ou de 50 c. , comme pour les naissances.

Cette dernière perception est plus conforme à la loi , qui assimile les actes de reconnaissance aux actes de naissance , et veut qu'ils soient transcrits sur le même registre.

477. Il est défendu aux Maires , Adjoints, secrétaires et autres employés des mairies, d'exiger d'autres taxes ou droits, soit pour la délivrance des expéditions , copies ou extraits , soit pour la réception des actes , leur rédaction et leur inscription sur les registres, sous peine d'être poursuivis comme coupables de concussion. (*Même décret, art. 4.*)

478. Le décret du 12 juillet 1807, qui contient ces dispositions , doit être constamment affiché en placard et en gros caractères , dans chacun des bureaux et autres lieux où sont reçues les déclarations relatives à l'état civil , et dans tous les dépôts des registres. (*Même décret, art. 5.*)

SECTION V. — Communication des registres aux employés de l'enregistrement et à certains autres fonctionnaires.

479. Indépendamment de l'obligation où sont les dé-

---

(1) Le remboursement du papier timbré avait été fixé par le décret de 1807, à 83 c. C'était alors le prix du papier destiné aux expéditions. Il a été élevé à 1 fr. 25 c. par la loi du 28 avril 1816 , art. 65.

positaires des registres de l'état civil, d'en délivrer expédition à toute personne qui la demande, ils sont tenus de les communiquer, sans déplacement :

1° Aux Procureurs du Roi, à leurs Substituts et aux Juges de paix, pour la vérification des registres dont il est parlé aux n°ˢ 49 et 50, et pour les recherches relatives à des crimes ou délits ;

2° Aux Préfets, sous-Préfets et à leurs délégués, pour les recherches relatives au recrutement, aux recensemens de la population et autres opérations administratives analogues ; (*Circ. du Min. de la Justice, du 19 mars* 1806.)

3° Aux préposés de l'administration de l'enregistrement (directeurs, inspecteurs, contrôleurs, receveurs, etc.), lorsque ceux-ci le requièrent. Ils ont le droit de prendre, *sans frais,* les renseignemens, extraits et copies qui leur sont nécessaires pour les intérêts de l'État.

En cas de refus ou d'opposition, les Officiers de l'état civil, greffiers et secrétaires des mairies, sont passibles d'une amende de 20 fr.

Les préposés de l'enregistrement ne peuvent néanmoins se livrer à leurs recherches, les jours de repos (Dimanches et Fêtes légales), et chacune de leurs séances dans les bureaux où sont déposés les actes, ne peut durer plus de quatre heures. (*Loi du 22 frimaire an VII, art.* 54. — *Loi du 16 juin* 1824, *art* 10.)

NEUVIÈME PARTIE

DE LA TRANSCRIPTION DES ACTES QUI N'ONT PAS ÉTÉ FAITS
DANS LA COMMUNE, OU QUI ONT ÉTÉ REÇUS PAR D'AUTRES
FONCTIONNAIRES QUE LES OFFICIERS DE L'ÉTAT CIVIL.

---

480. Il arrive fréquemment qu'on présente aux Officiers de l'état civil, pour être transcrits sur les regitres
de leurs communes, des actes reçus dans d'autres lieux
ou par des fonctionnaires autres que les Maires et Adjoints, et qu'ils sont embarrassés pour savoir s'ils doivent
faire la transcription demandée. Il faut à cet égard
prendre pour règle les principes suivans :

Les registres de l'état civil ont une destination spéciale,
et il n'est permis d'y inscrire que ce que la loi ordonne
ou autorise.

En règle générale, les registres de chaque commune
ne doivent contenir que les actes faits dans la commune
même.

Les actes faits à l'étranger, ou dans d'autres communes, ou par des fonctionnaires autres que l'Officier
de l'état civil de la commune, ne doivent y être transcrits qu'autant que la loi l'a ordonné ou permis expressément ou implicitement.

481. Ainsi doivent être transcrits :

1° Les procès-verbaux d'exposition d'enfant, dressés
par les employés des hospices, dans le cas prévu au
n° 137 ;

2° Les reconnaissances d'enfant naturel, faites par

déclaration devant notaire ou par testament, *lorsque les parties intéressées le demandent;* — Voy. le n° 158 et l'exemple XIV.

3° Les actes d'adoption, *également lorsque les parties intéressées le demandent;* — V. n°° 174 à 182, et l'ex. XV.

4° Les actes de décès transmis, ainsi qu'il est dit au n° 424, par les Officiers de l'état civil du lieu du décès à ceux du domicile, pour les individus décédés dans les hôpitaux et autres maisons publiques, dans les prisons, maisons de réclusion et de détention, ou par suite de mort violente; — Voy. l'exemple XL.

5° Les actes de naissance et de décès faits sur mer, *lorsque l'expédition en est transmise,* soit *par le Ministre de la Marine,* soit *par les préposés à l'inscription maritime,* ainsi qu'il est dit aux n°° 432, 433;

6° Les actes de naissance, de reconnaissance, de mariage et de décès, reçus aux armées par les employés militaires et transmis par eux, conformément à ce qui est dit aux n°° 437, 438, 439; — Voy. l'exemple XL.

7° Les actes de mariage contractés par des français en pays étrangers, *lorsque les parties intéressées le demandent;* — Voy. n°° 444, 445, 446, et l'exemple XLI.

8° Les actes de naissance et de décès reçus par les membres des intendances ou des commissions sanitaires, dans les lazarets et autres lieux avec lesquels les communications sont interdites par les lois sur la police sanitaire, ainsi qu'il est dit aux n°° 447, 448;

9° Les jugemens qui ordonnent la rectification, le remplacement ou le rétablissement d'un acte de l'état civil, conformément aux n°° 455, 456, 464. — Voyez l'exemple XLII.

Aucun autre acte ne peut être transcrit sur les registres, même lorsque les parties intéressées le demandent.

11

482. Plusieurs Maires vont au-delà de ce que prescrivent les art. 80, 82 et 84 du Code civil, dont les dispositions sont rappelées au n° 424 : ils envoient au domicile des décédés expédition des actes de décès de toutes les personnes étrangères à leur commune, même lorsqu'elles ne sont mortes ni dans un hospice ou toute autre maison publique, ni dans une prison, ni dans aucune autre des circonstances énumérées au n° 424.

Cet usage facilite les moyens de trouver dans chaque commune, la trace du décès des individus qui y étaient domiciliés ; et, sous ce point de vue, on ne peut que l'approuver.

Mais il n'est pas régulier de transcrire toutes ces expéditions sur les registres de l'état civil des communes où elles sont envoyées ; la loi n'a prescrit la transcription que dans les cas indiqués au n° 418.

En transcrivant tous les actes que les Maires croient devoir envoyer à leurs collègues, par mesure d'ordre ou à titre de renseignement, on s'expose à jeter beaucoup de confusion dans les registres, et à rendre difficiles et inexactes les recherches sur le mouvement de la population.

Il vaut mieux se borner à réunir en liasse les expéditions dont la loi n'exige pas la transcription, et en faire une table ou un répertoire alphabétique, au moyen duquel on puisse les retrouver au besoin ; ou bien, les copier sur un registre spécial, tenu sur papier libre et comme simple renseignement.

EXEMPLES

D'ACTES DE L'ÉTAT CIVIL,

DANS DIVERSES HYPOTHÈSES.

LES fonctionnaires chargés de la rédaction des actes de l'état civil, doivent se bien pénétrer de cette idée qu'il n'y a point, en cette matière, de formule, ni de termes spécialement exigés par la loi. Chacun est libre d'employer la forme qui lui paraît la plus convenable et les termes qu'il croit les plus clairs. L'acte est régulier, dès l'instant qu'il exprime tout ce qu'il est destiné à constater. Toutefois, l'usage a consacré certaines formes générales et certaines locutions, qui facilitent l'énonciation méthodique des faits, et donnent aux actes plus de précision. Il convient de s'y tenir habituellement. Je les ai suivies dans ce qu'elles ont d'essentiel. Ce sont, à peu de chose près, celles que le Gouvernement avait tracées, dans les modèles envoyés aux Préfets, le 25 fructidor an XII.

Mais, au lieu de donner de simples cadres, où seraient laissées en blanc les énonciations qui varient dans chaque acte, telles que les noms, les âges, les qualités, les domiciles, etc., etc., j'ai cru devoir y tout insérer et présenter des exemples d'actes complets, avec des noms, des âges, des circonstances de convention ; tels, en un mot, qu'ils seraient dans des hypothèses données.

Cette méthode m'a paru meilleure , pour mettre à la portée de toutes les intelligences la manière dont toutes les énonciations doivent être exprimées et combinées entre elles.

Seulement , j'ai indiqué par des *italiques* ce qui est susceptible de varier dans chaque acte , de telle sorte qu'on puisse distinguer, au premier aspect, ce qui leur est commun et doit se retrouver toujours dans tous ceux de la même espèce.

Il est inutile d'ajouter que les noms, les qualités et les autres détails analogues que j'ai employés, sont purement imaginaires.

I. — *Acte de naissance d'*enfant légitime, *reçu par le Maire, sur la* déclaration du père , *le déclarant et les témoins sachant signer.*

L'an *mil huit cent trente-neuf* et le *vingt mai,* à *dix* heures *du matin,* devant nous *Raymond Laforgue ,* maire et officier de l'état civil de la commune de *Lunel,* arrondissement de *Montpellier ,* département de l'*Hérault,* a comparu *Louis-Joseph Gérard, négociant,* âgé de *trente-huit* ans, domicilié *en cette ville ,* rue de *la Poste, n°* 13, lequel nous a présenté un enfant du sexe *masculin,* qu'il nous a dit être né le *jour d'hier,* à *trois* heures *après midi,* dans *sa maison d'habitation ci-dessus désignée,* de lui déclarant et de la dame *Joséphine Dubourg,* son épouse, âgée de *trente* ans, *sans* profession, domiciliée dans *la même ville , rue et maison ;* et il a donné à cet enfant les prénoms de *Adolphe-Ernest.* Ces déclarations et présentation ont

été faites en présence des sieurs *Jean Astruc, négociant,* âgé de *quarante* ans et *Hyacinthe Dubourg,
sans* profession, âgé de *vingt-huit* ans, *oncle maternel
du nouveau-né, tous les deux* domiciliés *dans la présente ville ;* et nous en avons dressé le présent acte,
dont nous avons donné lecture au déclarant et aux témoins, et que nous avons signé avec eux.

(Suivent les signatures : *Gérard, Astruc, Dubourg;
Laforgue,* maire.)

II. — *Acte de naissance d*'enfant légitime, *reçu
par un Adjoint délégué, sur la* déclaration
d'un accoucheur, *l'un des témoins ne sachant
pas signer.*

L'an *mil huit cent trente-neuf* et le *huit avril,* à
deux heures *après midi,* devant nous *Jérôme Delaborde,* adjoint à la mairie de *Cette,* arrondissement de
Montpellier, département de l'*Hérault,* délégué pour
remplir les fonctions d'Officier de l'état civil de cette
commune, par arrêté de M. le Maire, en date du *premier janvier de cette année,* a comparu *Jacques Bonnet,* âgé de *cinquante-deux* ans, *docteur en médecine
et accoucheur,* domicilié *en cette ville,* rue *du Port,*
n° 23, lequel nous a présenté un enfant du sexe *féminin,* qu'il nous a dit être né *aujourd'hui,* à *une* heure
du matin, en cette ville, *Grand'rue,* n° 16, d'*Anne-
Angélique Reversat, marchande mercière,* âgée de
trente-un ans, domiciliée *en cette ville, même* rue *et
maison,* épouse d'*Hilaire-Barnabé Latour, capitaine
de navire,* âgé de *quarante-trois* ans, domicilié *dans
la présente ville,* actuellement absent, auquel enfant

il a déclaré donner les prénoms d'*Augustine-Henriette*. Cette présentation et ces déclarations ont été faites en présence de *Jacques Reversat*, *charpentier*, âgé de *soixante* ans, *aïeul maternel du nouveau-né*, et de *Grégoire-Eusèbe Miller*, *employé aux douanes*, âgé de *cinquante* ans, *tous les deux* domiciliés *dans la présente ville;* et nous en avons dressé le présent acte, dont nous avons donné lecture au déclarant et aux témoins, et que nous avons signé avec eux, à l'exception de *Jacques Reversat*, l'un des témoins, qui a déclaré ne savoir signer, de ce requis.

(Suivent les signatures : *Bonnet, Miller; Delaborde*, Adjoint.)

III. — *Acte de naissance d'*enfant légitime, *reçu par un Adjoint, en cas d'empêchement du Maire, l'*enfant n'ayant pu être transporté à la mairie; *le père déclarant ni les témoins ne sachant signer.*

———

L'an *mil huit cent trente-neuf* et le *trois décembre*, à *quatre* heures *après midi*, devant nous *Jean-Jacques Labarthe*, adjoint au Maire de la commune de *La Salvetat*, arrondissement de *Saint-Pons*, département de l'*Hérault*, remplissant les fonctions d'Officier de l'état civil de cette commune, en remplacement du Maire, empêché pour cause de maladie, a comparu *Laurent-Étienne Rives*, *laboureur*, âgé de *trente-six* ans, domicilié dans *la présente commune*, lequel nous a déclaré que, le *premier de ce mois*, à *deux* heures *après midi*, dans *sa maison d'habitation située sur la place publique* de cette commune, *Louise Serda*, sa femme, *journalière*, âgée de *trente-huit* ans, domiciliée *dans le même lieu*, est accouchée d'un enfant du sexe *masculin*, auquel il a dit vouloir donner les prénoms de *Jean-Louis*; et attendu que cet enfant est dans un état de maladie qui ne permet pas de le transporter devant nous sans danger pour sa vie, ainsi qu'il résulte du certificat qu'il nous a remis, délivré par M. *Alexandre Robert, officier de santé*, domicilié *dans la présente commune*, nous nous sommes rendu dans *la maison du déclarant*, où il nous a représenté le nouveau-né, que nous avons reconnu être du sexe *masculin*. Ces déclarations, transport et constat ont été faits en présence des sieurs *Ambroise Roch, bûcheron*, âgé de *cinquante* ans, et *Claude Perrault, laboureur*, âgé de *quarante-cinq* ans, domiciliés *dans la présente commune;* et nous en avons dressé le présent acte, dont nous avons donné lecture au déclarant et aux témoins, et que nous avons signé seul, le père et les témoins ayant déclaré ne savoir signer, de ce par nous requis.

(Suit la signature de l'*Adjoint*.)

IV. — *Acte de naissance d'*enfant naturel, *reçu par un Conseiller municipal délégué*, la mère étant déclarée.

———

L'an *mil huit cent quarante* et le *vingt-six juin*, à midi, devans nous *Julien-George Rolland*, membre du Conseil municipal de la commune de *La Fère*, arrondissement de *Laon*, département de l'*Aisne*, délégué pour remplir les fonctions d'Officier de l'état civil de cette commune, par arrêté de M. le Maire, en date du *vingt mai dernier*, a comparu *le sieur Simon*

Guiraud, maître d'hôtel garni, âgé de *soixante-deux* ans, domicilié *dans cette commune,* lequel nous a présenté un enfant du sexe *féminin,* qu'il nous a déclaré être né *aujourd'hui,* à *huit* heures *du matin,* dans *son hôtel garni,* rue *de l'Arsenal,* de la demoiselle *Rose-Justine Hébrard, couturière,* âgée de *vingt* ans, domiciliée à *Metz,* département de *la Moselle,* et d'un père inconnu, auquel enfant il a donné le prénom de *Julie.* Cette présentation et ces déclarations ont été faites en présence des sieurs *Martin Rivière, pharmacien,* âgé de *vingt-huit* ans, domicilié *dans la présente commune,* et *Henri Gobert,* âgé de *vingt-cinq* ans, *maréchal-des-logis au* 4ᵉ *régiment d'artillerie,* domicilié à *Lyon,* département du *Rhône, actuellement en résidence dans la présente commune;* et nous en avons dressé le présent acte, dont nous avons donné lecture au déclarant et aux témoins, et que nous avons signé avec eux.

(Suivent les signatures: *Guiraud, Rivière, Gobert; Rolland,* conseiller municipal.)

V. — *Acte de naissance d'*enfant naturel, *reçu par un Conseiller municipal, à défaut de Maire et d'Adjoints en exercice,* le père ni la mère n'étant déclarés.

L'an *mil huit cent trente-huit* et le *vingt-quatre février,* à *trois* heures *après midi,* devant nous *Charles-Armand Latour,* membre du Conseil municipal de la commune de *Saint-André,* canton de *Gignac,* arrondissement de *Lodève,* département de l'*Hérault,* remplissant les fonctions d'Officier de l'état civil de cette

commune , à défaut de Maire et d'Adjoints en exercice ,
a comparu *la dame Éléonore Beauchamp* , âgée de
quarante-deux ans, *sage-femme* , domiciliée *dans la
présente ville* , laquelle nous a présenté un enfant du
sexe *masculin* , qu'elle nous a dit être né de parens inconnus, *le vingt-deux du mois courant*, à *midi* , dans
sa maison d'habitation, rue du Four , et auquel elle a
déclaré donner les prénoms de *Hyacinthe-Adolphe.*
Cette présentation et ces déclarations ont été faites en
présence des sieurs *Jean-Joseph Raimond, marchand-
drapier* , âgé de *trente-neuf* ans, et de *Louis Banal* ,
épicier , âgé de *vingt-deux* ans, domiciliés *dans la présente ville ;* et nous en avons dressé le présent acte ,
dont nous avons donné lecture à la déclarante et aux
témoins , et que nous avons signé avec eux.

(Suivent les signatures: *Et. Beauchamp, Raimond ,
Banal; Latour* , conseiller municipal .)

VI. — *Déclaration au sujet d'un* enfant trouvé.

L'an *mil huit cent trente-huit* et le *vingt juin,* à
huit heures *du matin* , devant nous *Eusèbe Martin,*
maire et officier de l'état civil de la commune de *Saint-
Félix,* canton de *Clermont,* arrondissement de *Lodève,*
département de l'*Hérault* , a comparu le sieur *Pierre
Verrier* , *agriculteur* , âgé de *cinquante* ans, domicilié *dans cette commune,* lequel nous a dit que *ce
matin, à six heures et demie, se rendant à ses travaux, il a aperçu au bord du chemin qui conduit à
Lodève, du côté du nord , et à la distance d'environ
cinq cents pas du village, une corbeille couverte d'un*

lambeau de drap vert, sous lequel était un enfant nouveau-né. Il était enveloppé dans des langes de laine grossière, et dans un tablier d'indienne à carreaux bleus et rouges; il avait la tête coiffée d'un petit bonnet de toile grise ; autour de son cou était un mouchoir de coton blanc, portant pour marques les lettres *A. M.* Le *sieur Verrier*, déclarant, nous a remis cet enfant, que nous avons reconnu être du sexe *féminin*, et qui nous a paru né depuis environ *trois semaines ou un mois.* Nous lui avons donné les prénoms d'*Adélaïde-Marie ;* et, après avoir reçu également du déclarant *la corbeille où il était placé et le morceau de drap qui l'enveloppait*, et les avoir mis sous le scellé, nous avons ordonné que cet enfant serait transporté avec les précautions convenables dans l'hospice de la commune de *Lodève*, avec les objets dont il était revêtu. Toutes ces déclarations et opérations ont été faites en présence des sieurs *Paul-Antoine Quintard*, âgé de *vingt-cinq* ans, *agriculteur*, domicilié *dans cette commune*, et *Robert Thierri*, âgé de *quarante-six* ans, *roulier*, domicilié à *Saint-Amans*, *département du Tarn;* et nous en avons dressé le présent acte, dont nous avons donné lecture au déclarant et aux témoins, et que nous avons signé avec le sieur *Thierri seulement*, les sieurs *Verrier* et *Quintard* ayant déclaré ne savoir signer, de ce par nous requis.

(Suivent les signatures : *Thierri; Martin*, maire.)

VII. — *Acte de naissance d'un* enfant jumeau, *reçu par l'Adjoint, en cas d'empêchement légal du Maire.*

—

L'an *mil huit cent trente-huit* et le *dix mars*, à *dix* heures *du matin*, devant nous *Nicolas-Julien Delorme,* adjoint au Maire de la commune d'*Aubenas*, arrondissement de *Privas*, département de l'*Ardèche*, remplissant les fonctions d'Officier de l'état civil de cette commune, en remplacement du Maire légitimement empêché, a comparu *le sieur Léopold-Henri Lenormant*, âgé de *trente-six* ans, *notaire et maire de la présente commune, y* domicilié, lequel nous a déclaré que *ce-jourd'hui,* à *trois* heures *du matin,* dans *sa maison d'habitation* en cette ville, rue de *la Cure*, la dame *Angélique-Dorothée Dufresne,* son épouse, âgée de *vingt-huit* ans, *sans* profession, domiciliée *dans la présente ville,* est accouchée d'un enfant du sexe *masculin,* qu'il nous a présenté et auquel il a donné les prénoms d'*Édouard-Jules ;* ajoutant qu'il est né jumeau et sorti le *premier* du sein de sa mère. Ces déclarations et cette présentation ont été faites en présence du sieur *Jean-Jacques Lenormant,* âgé de *trente-neuf* ans, *médecin, oncle paternel du nouveau-né,* et du sieur *Hilaire Dufresne,* âgé de *soixante-quatre* ans, *capitaine en retraite, chevalier de la Légion d'Honneur, aïeul maternel du nouveau-né, tous les deux* domiciliés dans *la présente ville;* et nous en avons dressé le présent acte, dont nous avons donné lecture

au déclarant et aux témoins , et que nous avons signé
avec eux.

(Suivent les signatures : *H. Lenormant ,
J.-J. Lenormant, Dufresne ; Delorme ,* adjoint.)

Nota. Dans cette hypothèse, l'acte de naissance de
l'autre jumeau serait absolument semblable à celui qui
précède, sauf l'indication de ses prénoms, et l'énonciation de l'ordre dans lequel il est venu au monde. Cette
énonciation serait ainsi conçue :

« *Ajoutant qu'il est né jumeau et sorti le second du*
» *sein de sa mère.* »

S'il y avait eu un intervalle de temps un peu remar-
quable, entre la naissance de l'un et de l'autre, on devrait
le préciser en indiquant , dans chaque acte , l'heure
et la fraction d'heure à laquelle chacun a vu le jour.

VIII. — *Reconnaissance d'enfant naturel, faite* par le père *dans* l'acte de naissance (1).

—

L'an *mil huit cent trente-neuf* et le *vingt-un mars ,*
à *midi ,* devant nous *Louis Dupont ,* maire et officier
de l'état civil de la commune d'*Argelès ,* arrondissement
de *Céret ,* département des *Pyrénées-Orientales ,* a comparu le sieur *Xavier Arnaud ,* âgé de *vingt-six* ans ,
marchand-colporteur , domicilié à *Carcassonne ,* dé-

---

(1) Cet acte et ceux qui le suivent, sont supposés reçus par le
Maire lui-même, parce qu'il doit suffire des exemples qui précèdent,
pour montrer comment doivent être rédigés les actes , dans les divers
cas où ce sont des Adjoints ou des Conseillers municipaux qui les
reçoivent.

partement de *l'Aude,* lequel nous a présenté un enfant du sexe *féminin,* dont il nous a déclaré se reconnaître le père, et qu'il nous a dit être né de la demoiselle *Marie-Magdeleine Boyer,* âgée de *vingt-deux* ans , sans profession , domiciliée *dans cette commune,* le *dix-neuf du mois courant,* à *cinq* heures après midi, dans *la maison d'habitation* de ladite demoiselle Boyer, *rue de la Place;* et il lui a donné les prénoms de *Félicité-Désirée.* Cette présentation et ces déclarations et reconnaissance ont été faites en présence du sieur *Isidore Bontemps,* âgé de *vingt-huit* ans , *marchand de toiles,* et du sieur *Paul-Timothée Boyer,* âgé de *trente-cinq* ans , *propriétaire,* *sans* profession , tous les deux domiciliés *dans la présente commune;* et nous en avons dressé le présent acte , dont nous avons donné lecture au déclarant et aux témoins , et que nous avons signé avec ces derniers seulement, le père ayant déclaré ne savoir le faire, de ce par nous requis.

(Suivent les signatures: *Bontemps, Boyer; Dupont,* maire.)

IX. — *Réconnaissance faite* après l'acte de naissance , *par un* procureur-fondé *du père.*

L'an *mil huit cent quarante* et le *trente juin,* à une heure *après midi,* devant nous *Dominique Perrier,* maire et officier de l'état civil de la commune de *Carcassonne,* département de l'*Aude,* a comparu le sieur *Hyacinthe-Louis Granval,* âgé de *quarante-cinq* ans , *avocat,* domicilié *dans cette commune,* lequel , en vertu des pouvoirs qui lui ont été donnés par le sieur

Charles Trinquié, négociant, domicilié à *Dieppe*, département de la *Seine-Inférieure*, ainsi qu'il résulte de la procuration consentie par ledit sieur *Trinquié*, le *quinze du présent mois*, devant M⁰ *Raymond*, notaire à *Dieppe*, enregistrée, dont une expédition, légalisée par le Président du Tribunal de première instance de l'arrondissement de *Dieppe*, et paraphée par le comparant, nous a été remise pour demeurer annexée au registre (1), nous a déclaré que ledit sieur *Trinquié* se reconnaît le père d'un enfant du sexe *masculin*, né le *dix janvier mil huit cent trente-six*, à *six* heures *du matin*, dans *la présente commune*, et qui a été inscrit sur le registre des naissances, le *onze* du même mois de *janvier*, sous les prénoms de *Henri-Gustave*, fils de *Dorothée Bardon, brodeuse*, alors âgée de *vingt-trois* ans, et d'un père inconnu. Cette déclaration a été faite en présence de *Pierre Guillaume Leduc, marchand-drapier*, âgé de *cinquante* ans, et de *Barthélemi Pelletier, huissier*, âgé de *trente-huit* ans, domiciliés

---

(1) Dans cet exemple, j'ai supposé que la procuration avait été reçue en *minute*. Dans l'exemple XXV, j'ai supposé, au contraire, une procuration reçue *en brevet*.

On appelle actes reçus *en minute*, ceux dont la minute (c'est-à-dire l'original) signée du notaire, des parties et des témoins, reste déposée entre les mains du notaire. Lorsqu'on veut faire usage d'un tel acte, ce fonctionnaire en délivre une expédition ou une copie.

On appelle actes reçus *en brevet*, ceux dont il ne reste point de minute entre les mains du notaire, et dont l'original, signé de lui, des parties et des témoins, est remis aux parties intéressées. Lorsqu'elles en font usage, elles représentent et déposent cet original, appelé brevet.

Les procurations peuvent être reçues indifféremment *en minute* ou *en brevet*. (*Loi du 25 ventôse an XI, art.* 20.)

dans la présente ville; et nous en avons dressé le présent acte, dont nous avons donné lecture au comparant et aux témoins, et que nous avons signé avec eux.

(Suivent les signatures : *Granval, Leduc, Pelletier; Perrier,* maire.)

X. — *Reconnaissance par le* père *et la* mère, *d'un enfant dont la* naissance n'avait pas été constatée.

—

L'an *mil huit cent quarante* et le *vingt mars,* à *huit* heures *du matin,* devant nous *Joseph Lalande,* maire et officier de l'état civil de la commune de *Sévérac-le-Château,* arrondissement de *Milhau,* département de l'*Aveyron,* ont comparu *Anaclet Gourdon,* âgé de *trente* ans, berger, et *Rose Chabaud,* âgée de *vingt-huit* ans, journalière, domiciliés *dans la présente commune;* lesquels nous ont dit que, le *seize septembre mil huit cent trente-sept,* à *deux* heures *du matin,* dans *le hameau du Roc,* dépendant de cette commune, ladite *Rose Chabaud* est accouchée d'un enfant du sexe *féminin,* dont la naissance n'a pas été inscrite, et qui a été placé *en nourrice, chez la nommée Anne Boudon, fermière du domaine des Rives, dans la commune de Milhau;* ledit *Gourdon* a de plus déclaré expressément, en présence et du consentement de ladite *Anne Chabaud,* qu'il se reconnaît le père de cet enfant, auquel ils ont dit vouloir donner les prénoms d'*Étienne-Bernard.* Ces déclarations ont été faites en présence de *Robert-Antoine Bousquet,* âgé de *quarante* ans, *laboureur,* et de *Baptiste Chabaud,* âgé de *cinquante-cinq* ans, *cordonnier, père de la déclarante, tous les deux* domiciliés *dans la présente commune;* et nous en avons dressé le présent acte, dont nous avons donné lecture aux déclarans et aux témoins, et que nous avons signé avec ces deux derniers, les deux déclarans ayant dit ne savoir signer, de ce par nous requis.

(Suivent les signatures : *Bousquet, Chabaud; Latande,* maire.)

XI. — *Reconnaissance par* le père *seul, d'un enfant* déposé dans un hospice.

—

L'an *mil huit cent trente-huit* et le *vingt-un septembre, à trois* heures *du soir,* devant nous *Louis Archinard,* maire et officier de l'état civil de la ville de *Nismes,* département du *Gard,* a comparu le sieur *George-Étienne Poitevin,* âgé de *quarante* ans, *fabricant de bas,* domicilié à *Sommières,* arrondissement de *Nismes,* département du *Gard,* lequel nous a dit que, le *vingt-deux février mil huit cent vingt-quatre,* à *onze* heures *du soir,* audit lieu de *Sommières,* dans *la maison d'habitation de Christine Roger, veuve de Jean Boissier, épicière,* la demoiselle *Caroline Roger, alors* âgée de *dix-huit* ans, *sans* profession, domiciliée *au même lieu de Sommières,* accoucha d'un enfant du sexe *masculin,* qui fut transporté et déposé au tour de l'hospice de *la présente ville,* dans *la nuit* du *vingt-trois du même* mois de *février mil huit cent vingt-quatre;* qu'il était *enveloppé dans des langes marqués des lettres C. R.,* et *qu'à son cou était suspendue, avec un cordon noir, une petite plaque de plomb, sur laquelle étaient grossièrement gravées les lettres E. P.;*

que le procès-verbal d'exposition de cet enfant fut transcrit sur les registres de *la présente commune,* à la date
du *vingt-quatre* du *même* mois de *février,* et que l'enfant y fut désigné sous les prénoms d'*Eugène-Philippe;*
le comparant a déclaré qu'il reconnaissait être le père
de cet enfant, et a demandé acte de sa reconnaissance.
Ces déclarations ont été faites en présence des sieurs
Nicolas Boucher, âgé de *soixante* ans, *entrepreneur
de travaux publics,* et *Marcel-Paul Combes,* âgé de
quarante-deux ans, *négociant en soieries, tous les
deux* domiciliés *dans la présente commune;* et nous
en avons dressé le présent acte, dont nous avons donné
lecture au déclarant et aux témoins, et que nous avons
signé avec eux.

(Suivent les signatures: *Poitevin, Boucher, Combes;
Archinard, maire.*)

XII. — *Reconnaissance d'un enfant* avant sa naissance.

L'an *mil huit cent trente-huit* et le *seize juillet,* à *une*
heure *après-midi,* devant nous *Octave Lefèvre,* maire
et officier de l'état civil de la commune de *Verneuil,*
arrondissement d'*Evreux,* département de l'*Eure,* a
comparu le sieur *Dieudonné-Alphonse Meunier,* âgé de
vingt-quatre ans, *étudiant en droit,* domicilié *dans la
présente commune,* accompagné de la demoiselle *Pauline Darancourt,* âgée de *dix-huit* ans, *sans* profession,
domiciliée *pareillement dans la présente commune;*
lequel, en présence et du consentement de ladite demoiselle *Pauline Darancourt,* a déclaré qu'il reconnaît
être le père de l'enfant dont elle est enceinte en ce mo-

ment, consentant à ce qu'à sa naissance, cet enfant
soit inscrit comme né de lui et de ladite *Pauline Da-*
rancourt. Cette déclaration a été faite en présence des
sieurs *Raymond Meunier,* âgé de *cinquante-un* ans,
notaire, père du déclarant, et *Eugène Darancourt,*
âgé de *vingt-cinq* ans, *docteur en médecine, frère de*
la comparante, tous deux domiciliés *dans la présente*
commune ; et nous en avons dressé le présent acte,
dont nous avons donné lecture aux comparans et aux
témoins, et que nous avons signé avec eux.

(Suivent les signatures : *At. Meunier, P. Darancourt,*
R. Meunier, E. Darancourt; Lefèvre, maire.)

XIII.—*Reconnaissance* après la mort *de t'enfant.*

L'an *mil huit cent trente-huit* et le *vingt août,* à
neuf heures *du matin,* devant nous *Marc-Antoine*
Jaubert, maire et officier de l'état civil de la commune
de *Montesquieu,* arrondissement de *Muret,* département de *la Haute-Garonne,* a comparu le sieur *Alban*
Larrieu, âgé de *trente-huit* ans, peintre, domicilié
à *Paris, rue de Vaugirard, n° 8,* lequel nous a déclaré
se reconnaître le père d'un enfant du sexe *féminin,* né
le *six mars mil huit cent vingt-cinq,* à *cinq* heures
du matin, de la demoiselle *Joséphine Martin,* alors
âgée de *vingt* ans, *sans* profession, domiciliée à *Tou-*
louse, département de *la Haute-Garonne,* et inscrit
sur les registres de l'état civil de la *présente* commune,
à la date du *sept* du *même* mois de *mars,* sous les
prénoms de *Marie-Valérie,* et comme né de ladite
demoiselle *Martin* et d'un père inconnu. Ajoutant
que cet enfant est mort à *Toulouse,* le *onze mai mil*

huit cent trente-six, ainsi qu'il résulte de son acte de décès, inscrit sur les registres de la mairie de *Toulouse*, à la date du *douze* du *même* mois de *mai mil huit cent trente-six*. Ces déclarations ont été faites en présence des sieurs *Théodore Larrieu*, âgé de *vingt-trois* ans, *clerc de notaire*, domicilié *dans la présente commune, frère du déclarant*, et *Ambroise-Charles Martin*, âgé de *cinquante-huit* ans, *sans* profession, domicilié à *Toulouse;* et nous en avons dressé le présent acte, dont nous avons donné lecture au déclarant et aux témoins, et que nous avons signé avec eux.

(Suivent les signatures: *Alban Larrieu, Th. Larrieu, Martin; Jaubert*, maire.)

XIV. — *Transcription d'une reconnaissance faite devant notaire*

L'an *mil huit cent trente-huit* et le *neuf juin*, à *cinq* heures *du soir*, devant nous *Jean Balard*, maire et officier de l'état civil de la ville de *Bordeaux*, département de *la Gironde*, a comparu *la demoiselle Jenny Ferret*, âgée de *vingt-cinq* ans, *marchande de modes*, domiciliée *dans la présente ville, rue Royale, n° 7*, laquelle nous a remis une expédition de l'acte reçu le *seize mai dernier*, par Mᵉ *Monfort*, notaire à *Fougères*, département de l'*Ille-et-Vilaine*, enregistré, par lequel le sieur *Marie-Anatole Figuier*, âgé de *trente* ans, commis-voyageur, domicilié *audit lieu de Fougères*, s'est reconnu père d'un enfant du sexe *masculin*, dont la déclarante est accouchée le *trente-un janvier mil huit cent trente*, et qui a été inscrit à la date du *deux février suivant*, sur les registres de l'état civil de la *présente* commune, sous les prénoms de *Firmin Théobald*, comme né d'*elle déclarante* et d'un père inconnu; nous requérant de procéder à la transcription de cet acte de reconnaissance. Nous Officier de l'état civil, faisant droit à cette réquisition, avons transcrit ledit acte, dont la teneur suit:

(On copie ici en entier l'expédition de l'acte.)

De cette transcription et de la réquisition qui nous a été faite, nous avons dressé le présent acte, dont nous avons donné lecture à la comparante, et que nous avons signé avec elle.

(Suivent les signatures: *Jenny Ferret; Balard*, maire.)

XV. — *Transcription d'adoption.*

L'an *mil huit cent trente-neuf* et le *dix-huit juin*, à *trois* heures *après-midi*, devant nous *Sylvestre Dampierre*, maire et officier de l'état civil de la commune de *Marcilly*, arrondissement de *Nogent*, département de l'*Aube*, a comparu *le sieur Siméon Féréol*, âgé de *vingt-trois* ans, *sans* profession, domicilié *dans la présente commune*, lequel nous a remis: 1° une expédition de l'acte passé le *trente novembre mil huit cent trente-huit*, devant le Juge de paix du *présent canton*, par lequel *le sieur Lucien Dupuis*, âgé de *cinquante-quatre* ans, *ancien négociant*, domicilié *dans la présente commune*, a déclaré adopter *le sieur Siméon Féréol*, comparant, et *le sieur Féréol* a déclaré accepter cette adoption; 2° une expédition de l'arrêt rendu le *dix mars dernier* par la Cour Royale de *Paris*, portant confirmation du jugement rendu, *le six janvier précédent*, par le Tribunal de première instance de l'arrondissement de *Nogent*, et déclarant qu'il y a lieu à

cette adoption; et il nous a requis d'en faire l'inscription, conformément à l'article 359 du Code civil.

Nous Officier de l'état civil, faisant droit à cette réquisition, avons immédiatement procédé à l'inscription
des actes sus-énoncés, dont la teneur suit :

(*Ici l'on copie en entier l'acte d'adoption et l'arrêt
confirmatif, et l'on termine ainsi :*) Et de cette inscription nous avons dressé le présent acte, dont nous
avons donné lecture au comparant, et que nous avons
signé avec lui.

(Suivent les deux signatures.)

XVI. — *Acte de publication de mariage.*

—

L'an *mil huit cent trente-sept* et le Dimanche *premier octobre*, à *dix* heures *du matin*, nous *Thimothée
Martin*, maire et officier de l'état civil de la commune
d'*Orgon*, arrondissement d'*Arles*, département *des
Bouches-du-Rhône*, nous sommes transporté devant
la porte de la maison commune dudit lieu d'*Orgon*,
et y avons annoncé et publié, pour la *première* fois,
qu'il y a promesse de mariage entre le sieur *Hilaire
Godefroy, agriculteur*, domicilié *à St.-Remy*, arrondissement d'*Arles*, *même* département, *majeur*, fils
légitime de *Marcel Godefroy, agriculteur*, et de *Julie
Gardanne*, domiciliés *audit lieu de St.-Remy;* et la
demoiselle *Scolastique Grandjean*, *sans* profession,
domiciliée à *Orgon*, *majeure*, *fille légitime* de *Fabien
Grandjean, aubergiste*, et de *Marceline Bonafous*,
domiciliés à *Orgon*. Cette publication, faite à haute voix,
a été immédiatement affichée par extrait à la porte de

la maison commune ; et nous avons de tout ce dessus dressé le présent acte (1).

Martin, maire.

XVII. — *Extrait de publication à afficher à la porte de la mairie.*

———

Première publication de mariage ,

Entre le sieur *Hilaire Godefroy, agriculteur,* domicilié à *St.-Remy,* arrondissement d'*Arles*, département des *Bouches-du-Rhône*, *majeur*, fils *légitime* de *Mar cel Godefroy, agriculteur,* et d'*Antoinette Gardanne,* domiciliés *audit lieu de St.-Remy ;*

Et la demoiselle *Scolastique Grandjean, sans* profession, domiciliée *dans la présente commune, majeure,* fille *légitime* de *Fabien Grandjean, aubergiste,* et de *Marceline Bonafous,* domiciliés dans la même commune.

Certifié et publié par nous Maire et Officier de l'état civil de la commune d'Orgon, le Dimanche *premier octobre mil huit cent trente-sept.*

Martin, maire.

Nota. La seconde affiche sera conçue de la même manière. Il n'y aura qu'à changer la date, qui sera du *Dimanche huit octobre ,* et à énoncer en tête que c'est la *seconde* publication.

———

(1) L'acte constatant la seconde publication sera conçu de la même manière. Il n'y aura qu'à changer la date, qui sera *du Dimanche huit octobre ,* et à énoncer que le mariage a été publié pour *la seconde fois.*

XVIII. — *Certificat de publication et de non opposition.*

—

Nous *Sylvestre-Pierre Benoît*, maire et officier de l'état civil de la commune de *St.-Remy*, arrondissement d'*Arles*, département *des Bouches-du-Rhône*, certifions que les deux publications du mariage entre le sieur *Hilaire Godefroy*, *agriculteur*, domicilié *dans la présente commune*, *majeur*, fils *légitime* de *Marcel Godefroy*, *agriculteur*, et d'*Antoinette Gardanne*, *également* domiciliés *dans cette commune;* et la demoiselle *Scolastique Grandjean*, *sans* profession, domiciliée à *Orgon*, arrondissement d'*Arles*, département *des Bouches-du-Rhône*, *majeure*, fille *légitime* de *Fabien Grandjean*, *aubergiste*, et de *Marceline Bonafous*, domiciliés *audit lieu d'Orgon*, ont été faites et affichées devant la porte de la maison commune de St.-Remy, les Dimanches *premier et huit octobre de la présente année*, *à midi*. Certifions, en outre, qu'il ne nous a été signifié aucune opposition à ce mariage.

Fait à la mairie de *St.-Remy*, *le douze octobre mil huit cent trente-sept*.

Benoît, maire.

XIX. — *Mention d'opposition à inscrire sur le registre des publications.*

—

Par acte de *Joseph Fontaine*, huissier près le Tribunal de première instance de l'arrondissement de *Besançon*, département *du Doubs*, en date du *vingt-cinq février mil huit cent trente-huit*, le sieur *Jean-*

Nicolas Verneuil, horloger, domicilié *audit lieu de Besançon,* a formé opposition au mariage d'*Édouard Verneuil, son fils, étudiant en médecine,* domicilié *dans la même ville,* avec *la demoiselle Caroline Breteuil, artiste dramatique,* domiciliée *à Paris.*

Certifié et mentionné par nous *Paul-Denis Joinville,* maire et officier de l'état civil de la commune de *Besançon, ledit jour vingt-cinq février mil huit cent trente-huit.*

Joinville, maire.

XX. — *Mention de main-levée de l'opposition, à inscrire en marge de la mention de l'opposition.*

—

Par jugement du Tribunal de première instance de l'arrondissement de *Besançon,* en date du *trois mai mil huit cent trente-huit,* confirmé *par arrêt de la Cour royale de la même ville, en date du trente août de la même année,* il a été donné main-levée de l'opposition formée, le *vingt-cinq février précédent,* par *le sieur Jean-Nicolas Verneuil, horloger,* domicilié *à Besançon,* au mariage d'*Édouard Verneuil, son fils, étudiant en médecine,* domicilié *dans la même ville,* avec *la demoiselle Caroline Breteuil, artiste dramatique,* domiciliée *à Paris.*

Certifié et mentionné par nous *Paul-Denis Joinville,* maire et officier de l'état civil de la commune de *Besançon,* le *vingt septembre mil huit cent trente-huit.*

Joinville, maire.

XXI. — *Certificat de publication, dans le cas où il y a eu opposition et main-levée.*

—

Nous *Blaise-Futcran Pepin,* maire et officier de l'état civil de la commune d'*Aubeterre,* arrondissement de *Barbezieux,* département de *la Charente,* certifions que les deux publications du mariage entre le sieur *Augustin Chalet, chapelier,* domicilié à *Caen,* département *du Calvados, majeur,* fils *légitime* de *Lazare Chalet, marchand de peaux,* et de *Julienne Deschamps,* domiciliés à *Caen;* et la demoiselle *Charlotte Lavalette, sans* profession, *majeure,* fille *légitime* de *Patrice-Alexandre Lavalette, négociant,* et de *Céleste-Sophie de Montguyon,* domiciliés *audit lieu d'Aubeterre,* ont été faites et affichées devant la porte de la maison commune d'*Aubeterre,* le Dimanche *douze novembre mil huit cent trente-sept,* à *dix* heures *du matin,* et le Dimanche *dix-neuf du même mois,* à *neuf* heures *du matin.* Certifions, en outre, qu'opposition a été formée à ce mariage au nom *du père et de la mère de la future,* par acte d'*Ambroise Blansac,* huissier près le Tribunal civil de l'arrondissement de *Barbezieux,* en date du *vingt-un du même mois de novembre,* et que la main-levée de cette opposition a été donnée par les opposans, *dans un acte reçu par M* Lévèque, notaire à Aubeterre,* le *vingt-deux décembre courant.*

Fait à *Aubeterre,* le *vingt-six décembre mil huit cent trente-sept.*

(*Pepin,* maire.)

XXII. — *Acte de mariage entre* majeurs, *assistés de leurs* pères *et* mères.

—

L'an *mil huit cent trente-sept* et le *seize octobre,* à *une* heure *après midi,* devant nous *Jean-Joseph Monestier ,* maire et officier de l'état civil de la commune d'*Orgon ,* arrondissement d'*Arles,* département *des Bouches-du-Rhône,* et dans la maison commune dudit lieu, ont comparu le sieur *Hilaire Godefroy, agriculteur,* domicilié *à St.-Remy, dans le présent* arrondissement, majeur, âgé de *vingt-quatre* ans *révolus,* né le *six septembre mil huit cent treize,* dans *ladite* commune de *St.-Remy,* fils *légitime* de *Marcel Godefroy , agriculteur,* et d'*Antoinette Gardanne ;* domiciliés dans la commune de *St.-Remy ;* et la demoiselle *Scolastique Grandjean, sans* profession , domiciliée *dans la présente commune ,* majeure, âgée de *vingt-un* ans *révolus ,* née le *trois octobre mil huit cent seize,* dans la *présente* commune, fille *légitime* de *Fabien Grandjean , aubergiste ,* et de *Marceline Bonafous ,* domiciliés *dans la présente commune ,* ainsi qu'il résulte de son acte de naissance, inscrit sur les registres dont l'original a été mis sous nos yeux. Lesdits comparans , procédant avec l'assistance de leurs pères et mères susnommés , ici présens et expressément consentans , nous ont requis de procéder à la célébration de leur mariage , dont les publications ont été faites, savoir: dans la commune de *St.-Remy ,* les Dimanches *premier et huit octobre de la présente année ,* et dans la présente commune , les Dimanches *vingt-quatre septembre dernier et premier octobre courant,* ainsi qu'il résulte du registre des publications, dont l'ori-

ginal a été mis sous nos yeux. A l'appui de leur
réquisition, les parties ont produit : 1° l'expédition de
l'acte de naissance du futur, à la date du *huit septembre
mil huit cent treize;* 2° le certificat de publication et
de non opposition, délivré par le Maire de la commune
de *St.-Remy,* sous la date du *douze du présent mois.*
Aucune opposition ne nous ayant été signifiée, nous
Officier de l'état civil, avons donné lecture aux parties
des pièces ci-dessus mentionnées, et des dispositions du
Code civil, au chapitre six du titre du Mariage, sur les
droits et les devoirs respectifs des époux; après quoi, nous
avons demandé au futur époux et à la future épouse, s'ils
voulaient se prendre pour mari et pour femme. Chacun
d'eux ayant répondu séparément et affirmativement,
nous avons prononcé, au nom de la loi, que *Hilaire
Godefroy* et *Scolastique Grandjean* sont unis par le
mariage. Le tout a été fait publiquement et en présence
des sieurs : 1° *Gilles Gardanne,* âgé de *quarante-huit*
ans, *jardinier,* domicilié à *St.-Remy, oncle maternel
du futur;* 2° *Trophime Barjac,* âgé de *trente-six* ans,
architecte, non parent des parties; 3° *Martin Bonafous, fermier,* âgé de *soixante-dix* ans, *aïeul maternel
de la future;* 4° *Michel-Auguste Grandjean, sans* profession, âgé de *vingt-trois* ans, *frère de la future; ces
trois derniers* domiciliés dans la *présente* commune
d'*Orgon;* et nous en avons dressé le présent acte, dont
nous avons donné lecture aux parties et aux témoins,
et que nous avons signé avec eux, à l'exception de *la
dame Godefroy, mère de l'époux, et du sieur Martin
Bonafous, l'un des témoins,* qui ont déclaré ne savoir
signer, de ce par nous requis.

(Suivent les signatures.).

XXIII. — *Acte de mariage avec* dispense d'âge;
le futur procédant avec le consentement de
sa mère, *à défaut du père; la future,* mineure, *procédant avec le* consentement du
conseil de famille.

—

L'an *mil huit cent trente-huit* et le *cinq juillet*, à
quatre heures *du soir*, devant nous *Pascal - Henri
Léger*, maire et officier de l'état civil de *la ville d'Orléans*, département *du Loiret*, et dans la maison commune de ladite ville, ont comparu le sieur *Agénor-
Henri-Louis, comte de Saint-Julien, sans* profession,
domicilié *dans la présente ville,* mineur, âgé de *dix-
sept* ans *révolus*, né à *Paris*, le *vingt juin mil huit
cent vingt-un,* fils *légitime* de *feu le sieur Agénor-
François, comte de Saint-Julien, maréchal-de-camp,
chevalier de St.-Louis et de la Légion d'Honneur,*
domicilié à *Paris*, et de *survivante dame Antoinette-
Julie de Bellegarde, veuve de Saint-Julien,* âgée de
quarante ans, *sans* profession, domiciliée *dans la présente ville,* assisté de ladite dame *veuve comtesse de
Saint-Julien,* sa mère, ici présente et expressément
consentante; et la demoiselle *Anastasie-Joséphine de
Saint-Géran, sans* profession, domiciliée *dans la présente ville,* mineure, âgée de *seize* ans *trois* mois, née
à *Orléans, le trois avril mil huit cent vingt-deux,* fille
légitime de *défunts sieur Honoré Constant, marquis
de Pontchâteau, ancien officier de marine, et dame
Cécile-Pulchérie de Neuville, en leur vivant,* domiciliés à *Orléans,* procédant avec le consentement du
conseil de famille, constaté par la délibération de ce

conseil, en date du *vingt juin dernier;* lesquels comparans nous ont requis de procéder à la célébration de leur mariage, dont les publications ont été faites devant la porte de notre maison commune, les Dimanches *vingt - trois et trente juin dernier,* ainsi qu'il est constaté par les actes inscrits sur le registre des publications de la présente ville. A l'appui de leur réquisition, les comparans nous ont remis : 1° l'acte de naissance du futur, sous la date du *vingt-deux juin mil huit cent vingt-un;* 2° l'acte de décès de son père, sous la date du *six janvier mil huit cent trente;* 3° expédition délivrée par le greffier du Tribunal de première instance de l'arrondissement d'*Orléans,* de l'ordonnance royale, en date du *quinze juin dernier,* portant dispense d'âge en faveur *du futur époux;* 4° l'acte de naissance de la future, sous la date du *quatre avril mil huit cent vingt-deux;* 5° l'acte de décès de son père, en date du *vingt-sept mars mil huit cent vingt-six;* 6° l'acte de décès de sa mère, sous la date du *huit novembre mil huit cent trente-cinq;* le décès de ses aïeuls et aïeules, tant paternels que maternels, est constaté dans la délibération du conseil de famille sus-énoncée; 7° expédition de ladite délibération, sous la date du *vingt juin dernier.* Aucune opposition à ce mariage ne nous ayant été signifiée, nous Officier de l'état civil, faisant droit à la réquisition des parties, leur avons donné lecture de toutes les pièces ci-dessus mentionnées, et des dispositions du Code civil, au chapitre six du titre du Mariage, sur les droits et les devoirs respectifs des époux; après quoi, nous avons demandé au futur époux et à la future épouse, s'ils voulaient se prendre pour mari et pour femme. Chacun d'eux ayant répondu séparément et affirmativement, nous avons prononcé, au nom de la loi, qu'*Agenor-Henri-Louis, comte de Saint-Julien,* et *Anastasie-Joséphine de Saint-Géran,* sont unis par le mariage. Le tout a été fait publiquement et en présence des sieurs : 1° *Albin-Virgile de Bellegarde,* âgé de *quarante-deux* ans, *colonel du 3ᵉ régiment de hussards, oncle maternel de l'époux;* 2° *George-Didier Cazalès,* âgé de *trente* ans, *conseiller de préfecture, non parent;* 3° *Sulpicien de Rougé,* âgé de *cinquante-huit* ans, *sans profession, cousin de l'épouse;* 4° *Valentin-Tiburce Châteauneuf,* âgé de *trente-neuf* ans, *conseiller à la Cour royale d'Orléans, non parent, tous les quatre* domiciliés *dans la présente ville;* et nous en avons immédiatement dressé le présent acte, dont nous avons donné lecture aux parties et aux témoins, et que nous avons signé avec eux.

(Suivent les signatures.)

XXIV. — *Acte de mariage entre* majeurs, *après* opposition *et* actes respectueux *du futur à son père et à sa mère, et de la future à sa mère, le père étant décédé.*

L'an *mil huit cent trente-neuf* et le *six juillet,* à *huit* heures *du matin,* devant nous *Vital Pelussin,* maire et officier de l'état civil de *la ville de Blois,* département de *Loir-et-Cher,* et dans la maison commune de ladite ville, ont comparu le sieur *Constant Chambon, géomètre,* domicilié à *Savigny,* arrondissement de *Vendôme, même* département, majeur, âgé de *vingt-sept* ans *révolus,* né *audit lieu de Savigny,* le *onze mai mil huit cent douze,* fils *légitime* de *Jean Chambon,*

âgé *d'environ cinquante-six* ans, *instituteur*, et de
Claudine Richard, âgée d'environ *quarante-huit* ans,
sans profession, domiciliés à *Savigny;* et la demoiselle
Aglaé Rambert, *sans* profession, domiciliée *précédem-*
ment à *Lyon*, département *du Rhône*, *résidant dans*
la présente commune depuis plus de six mois, majeure, âgée de *vingt-cinq* ans *six* mois, née à *Lyon*,
le *quatre janvier mil huit cent quatorze*, fille *légitime*
de défunt *Pascal Rambert*, *fabricant d'étoffes de soie*,
en son vivant domicilié à *Lyon*, et de survivante *Zoé*
Blancheteau, *veuve Rambert*, *lingère*, âgée d'environ
quarante-cinq ans, domiciliée *dans la même ville;*
lesquels comparans, procédant comme majeurs et libres
dans l'exercice de leurs droits, à suite des actes respectueux ci-après énoncés, nous ont requis de procéder à
la célébration de leur mariage. Les publications en ont
été faites, savoir : à *Savigny*, les Dimanches *sept et*
quatorze janvier de la présente année; à *Lyon*, les
Dimanches *dix-huit et vingt-cinq février suivant*, et à
Blois, les Dimanches *vingt-un et vingt-huit du même*
mois de janvier. Trois actes respectueux ont été signifiés à la requête du futur époux, à son père et à sa mère,
par le ministère de Me *Blaise Leroux*, notaire *audit*
lieu de Savigny, le *vingt-trois novembre*, le *vingt-*
quatre décembre mil huit cent trente-huit, et le *vingt-*
cinq janvier mil huit cent trente-neuf. Un acte respectueux a été pareillement signifié à la requête de la
future, à sa mère, par le ministère de Mrs *Rigaud et*
Sauveur, notaires à *Lyon*, le *quatorze janvier dernier.*
Opposition à ce mariage ayant été signifiée à l'Officier
de l'état civil de la commune de *Savigny*, le *trois*
février dernier, à la requête du *sieur Jean Chambon*,
père du futur, la main-levée de cette opposition a

été donnée par jugement du Tribunal civil de l'arrondissement de *Vendôme*, en date du *quinze mars
dernier*, et ce jugement a été confirmé par arrêt de la
Cour royale d'Orléans, en date du vingt juin dernier.
A l'appui de leur réquisition, les parties ont produit :
1° l'acte de naissance du futur, sous la date du *treize
mai mil huit cent douze;* 2° le certificat des publications faites dans la commune de *Savigny*, sous la date
du *dix-huit janvier dernier;* 3° les actes respectueux
signifiés au père et à la mère du futur, sous les dates
ci-dessus indiquées ; 4° expédition du jugement du Tribunal *de Vendôme*, en date du quinze *mars dernier*,
et de *l'arrêt de la Cour royale d'Orléans*, *en date du
vingt juin suivant*, qui donnent main-levée de l'opposition formée par *le père du futur;* 5° l'acte de naissance de la future, sous la date *du cinq janvier mil
huit cent quatorze;* 6° l'acte de décès du sieur *Pascal
Rambert*, son père, sous la date du *vingt-six avril
mil huit cent vingt-huit;* 7° l'acte respectueux signifié
à la mère de la future, le *quatorze janvier dernier;*
8° le certificat des publications faites à *Lyon*, sous la
date du *premier mars dernier*. Les publications faites
dans la présente commune sont constatées par les actes
inscrits sur nos registres, dont la minute a été mise sous
nos yeux. Aucune autre opposition n'ayant été signifiée,
nous Officier de l'état civil, faisant droit à la réquisition
des parties, leur avons donné lecture de toutes les pièces
ci-dessus mentionnées, et des dispositions du Code civil,
au chapitre six du titre du Mariage, sur les droits et les
devoirs respectifs des époux; après quoi, nous avons demandé au futur époux et à la future épouse, s'ils voulaient se prendre pour mari et pour femme. Chacun d'eux
ayant répondu séparément et affirmativement, nous

avons prononcé, au nom de la loi, que *Constant Chambon* et *Aglaé Rambert* sont unis par le mariage. Tout ce dessus a été fait publiquement et en présence des sieurs : 1° *Isidore Bastide*, âgé de *vingt-neuf* ans, *musicien;* 2° *Zacharie Arbois*, âgé de *soixante-neuf* ans, *maître d'écriture;* 3° *Alexandre Herbault*, âgé de *vingt-quatre* ans, *employé aux octrois;* 4° *Bazile Gabarrot*, âgé de *trente* ans, *sans* profession, *tous les quatre* domiciliés *dans la présente ville, non parens des parties ;* et nous en avons immédiatement dressé le présent acte, dont nous avons donné lecture aux parties et aux témoins, et que nous avons signé avec eux.

(Suivent les signatures.)

XXV. — *Acte de mariage avec* dispense de seconde publication, *le futur*, militaire, *procédant avec le consentement d'un* procureur-fondé *de son père; la future assistée d'un* aïeul.

———

L'an *mil huit cent trente-neuf* et le *vingt-cinq août*, à *deux* heures *après midi*, devant nous *Henri-Thomas Noyant*, maire et officier de l'état civil de la commune de *Montmirail*, arrondissement d'*Épernay*, département de *la Marne*, et dans la maison commune dudit lieu, ont comparu le sieur *Léon Chemillé, sergent au* 4ᵐᵉ *régiment d'infanterie de ligne, en garnison à Beaupréau, département de Maine-et-Loire*, domicilié, *avant son entrée au service*, à *Beaugency*, arrondissement d'*Orléans*, département *du Loiret*, majeur, âgé de *vingt-sept* ans *révolus*, né *audit lieu de Beaugency*,

14

le *six juin mil huit cent douze*, fils *légitime* d'*Antoine
Chemillé, laboureur*, âgé d'*environ cinquante* ans,
domicilié à *Beaugency*, et de défunte *Lucie Guérande;*
procédant avec l'assistance et le consentement du sieur
Robert Fleury, âgé de *trente-cinq* ans, *percepteur des
contributions directes*, domicilié *dans la présente ville,*
procureur-fondé spécial du sieur *Antoine Chemillé,*
père du futur, aux fins dudit consentement; ainsi qu'il
résulte de la procuration reçue par M°*Blain*, notaire à
Beaugency, le *dix août courant*, enregistrée; procédant
encore avec la permission du conseil d'administration
du 4ᵐᵉ *régiment d'infanterie de ligne*, donnée sous la
date du *quinze du présent mois;* et la demoiselle *Aline
Clisson, sans* profession, domiciliée *dans la présente
commune,* majeure, âgée de *vingt-quatre* ans *révolus,*
née *dans la même commune,* le *dix-huit mai mil huit
cent quinze*, fille *légitime* de défunts *Jérôme Clisson,
laboureur*, et *Justine Brétenoux*, en leur vivant domiciliés à *Montmirail*, procédant avec l'assistance du sieur
Jean-Désiré Brétenoux, âgé de *soixante-douze* ans,
vigneron, domicilié *dans la présente commune*, son
aïeul maternel ici présent et expressément consentant;
lesquels comparans nous ont requis de procéder à la
célébration de leur mariage, dont il a été fait une seule
publication avec les formalités prescrites par la loi, savoir : dans la présente commune, le Dimanche *vingt
août courant*, ainsi qu'il résulte du registre des publications mis sous nos yeux, et dans les communes de
Beaugency et de *Beaupréau*, le Dimanche *treize du
même mois.* Les parties contractantes ont été dispensées
de la seconde publication, par arrêté de M. le Procureur
du Roi près le Tribunal de première instance de l'arrondissement d'*Épernay*, en date du *dix-sept du pré-*

sent mois. A l'appui de leur réquisition, elles ont produit: 1° leurs actes de naissance sous les dates des *huit juin mil huit cent douze et dix-neuf mai mil huit cent quinze;* 2° le certificat de la publication faite à *Beaugency,* en date du *dix-sept du présent mois;* 3° le certificat de la publication faite à *Beaupréau,* sous la date du *seize du même mois d'août;* 4° expédition, délivrée par le greffier du Tribunal de première instance d'*Épernay,* de l'arrêté sus-énoncé, portant dispense de la seconde publication; 5° la procuration reçue en brevet (1), à la date ci-dessus énoncée, par M° *Blain,* notaire à *Beaugency,* portant pouvoir par le père du futur au sieur *Robert Fleury,* de consentir au mariage, dans laquelle procuration il est énoncé que la mère du futur est décédée; 6° la permission délivrée au futur, à l'effet du présent mariage, par le conseil d'administration du 4ᵐᵉ *régiment d'infanterie de ligne,* sous la date du *quinze du présent mois;* 7° l'acte de décès de *Jérôme Clisson,* père de la future, sous la date du *six avril mil huit cent trente-six;* 8° l'acte de décès de *Justine Brétenoux, femme Clisson,* sa mère, sous la date du *six septembre mil huit cent trente-sept.* Aucune opposition à ce mariage n'ayant été signifiée, nous Officier de l'état civil, faisant droit à la réquisition des parties, leur avons donné lecture de toutes les pièces ci-dessus énoncées, et des dispositions du Code civil, au chapitre six du titre du Mariage, sur les droits et les devoirs respectifs des époux; après quoi, nous avons demandé au futur époux et à la future épouse, s'ils voulaient se prendre pour mari et pour femme. Chacun d'eux ayant

---

(1) Voy. la note sous l'exemple IX.

répondu séparément et affirmativement, nous avons prononcé, au nom de la loi, que *Léon Chemillé* et *Aline Clisson* sont unis par le mariage. Le tout a été fait publiquement et en présence des sieurs : 1° *Louis Bernard,* âgé de *cinquante* ans, *lieutenant d'infanterie, en retraite;* 2° *Polycarpe Rougé, cultivateur,* âgé de *quarante-cinq* ans ; 3° *Justin Clisson,* âgé de *vingt-deux* ans, *frère de l'épouse;* 4° *Paul Duchêne,* âgé de *trente-huit* ans, *greffier du juge de-paix du canton de Montmirail, non parent des époux, non plus que les deux premiers témoins, tous les quatre* domiciliés *dans la présente commune;* et nous en avons immédiatement dressé le présent acte, dont nous avons donné lecture aux parties et aux témoins, et que nous avons signé avec eux, *à l'exception des sieurs Brétenoux, aïeul de l'épouse, Rougé et Clisson, deux des témoins,* lesquels ont déclaré ne savoir signer, de ce par nous requis.

(Suivent les signatures.)

XXVI. — *Acte de mariage entre majeurs, le futur n'ayant pu produire son* acte de naissance, ni les actes de décès de ses ascendans ; *la future, assistée d'un aïeul et d'une aïeule, n'ayant pu produire* les actes de décès de son père et de sa mère.

———

L'an *mil huit cent trente-quatre* et le *neuf octobre,* à *trois* heures *du soir,* devant nous *André Guillon,* maire et officier de l'état civil de la commune de *Chablis,* arrondissement d'*Auxerre,* département de l'*Yonne,* et dans la maison commune dudit lieu, ont

comparu le sieur *Jean-Pierre Châlet*, *boulanger*, domicilié *dans cette même commune*, majeur, âgé de
quarante-six ans *révolus*, né à *Épinal*, département
des Vosges, le *vingt août mil sept cent quatre-vingt-
huit*, fils *légitime* de défunts *Pierre-Antoine Châlet*,
bûcheron, et *Marie-Jeanne Corcieux*, en leur vivant
domiciliés à *Épinal*, procédant comme libre dans l'exercice de ses droits, ses père, mère, aïeuls et aïeules étant
tous décédés ; et la demoiselle *Julie Lamarche*, *sans
profession*, domiciliée *dans la présente commune*, majeure, âgée de *trente-un ans révolus*, née *dans la présente commune*, *le dix-huit janvier mil huit cent trois*,
fille *légitime* de défunts *Alexandre Lamarche*, *tan-
neur*, et *Marie Raoul*, en leur vivant domiciliés *dans
la présente commune*, procédant avec l'assistance du
sieur *Luc Raoul*, *marchand de vin*, âgé de *soixante-
quinze* ans, son aïeul *maternel*, et de la dame *Lucie
Crucy*, *femme dudit Raoul*, âgée de *soixante-douze*
ans, son aïeule *maternelle*, l'un et l'autre domiciliés à
Chablis, ici présens et expressément consentans, le
père et la mère de la future étant décédés, ainsi que
lesdits mariés *Raoul* nous l'ont attesté, conformément
à l'avis du Conseil d'État, du quatre thermidor an XIII;
lesquels comparans nous ont requis de procéder à la
célébration de leur mariage, dont les publications ont été
faites dans la présente commune, les Dimanches *vingt-
huit septembre dernier et cinq octobre courant*, ainsi
qu'il résulte du registre des publications qui a été mis
sous nos yeux. A l'appui de cette réquisition, les parties
ont produit: 1° expédition de l'acte de notoriété, délivré
le *six août de la présente année*, par le Juge de paix
du canton d'*Épinal*, pour suppléer à l'acte de naissance
du futur, et du jugement d'homologation, rendu le

quinze septembre dernier, par le Tribunal civil de l'arrondissement d'*Auxerre*; 2° l'acte de naissance de la future, sous la date du *dix-neuf janvier mil huit cent trois;* 3° le futur n'ayant pu produire les actes de décès de son père, de sa mère, ni ceux de ses aïeuls et aïeules, faute de connaître leur dernier domicile, nous a déclaré avec serment, conformément à l'avis du Conseil d'État, du quatre thermidor an XIII, que le lieu du décès et celui du dernier domicile de ses ascendans lui sont inconnus. Cette déclaration a été certifiée par les quatre témoins ci-dessous désignés, lesquels ont affirmé, aussi avec serment, que, quoiqu'ils connaissent les futurs époux et sachent que leurs ascendans sont décédés, ils ignorent le lieu de leur décès et celui de leur dernier domicile. Aucune opposition à ce mariage ne nous ayant été signifiée, nous Officier de l'état civil, faisant droit à la réquisition des parties, leur avons donné lecture des pièces ci-dessus énoncées, et des dispositions du Code civil, au chapitre six du titre du Mariage, sur les droits et les devoirs respectifs des époux; après quoi, nous avons demandé au futur époux et à la future épouse, s'ils voulaient se prendre pour mari et pour femme. Chacun d'eux ayant répondu séparément et affirmativement, nous avons prononcé, au nom de la loi, que *Jean-Pierre Châlet* et *Julie Lamarche* sont unis par le mariage. Tout ce dessus a été fait publiquement et en présence des sieurs *Blaise Pascal*, âgé de *cinquante* ans, *boulanger;* 2° *Thomas Ferrière*, âgé de *quarante* ans, *meunier;* 3° *Matthieu Laferté*, âgé de *trente-quatre* ans, *vigneron;* 4° *Vincent Richard*, âgé de *quarante-cinq* ans, *tonnelier*, *tous* domiciliés *dans la présente commune*, *non parens des parties;* et nous en avons dressé le présent acte, dont nous avons donné

lecture aux comparans et aux témoins, et que nous
avons signé avec eux, à l'exception *des mariés Raoul,*
aïeul et aïeule de l'épouse, qui ont déclaré ne savoir
signer, de ce par nous requis.

(Suivent les signatures.)

XXVII. — *Acte de mariage avec* dispense de
parenté, *le futur étant* veuf, procédant *avec*
le consentement de sa mère, *donné dans un*
acte séparé; *la future,* mineure, *assistée de son*
père et de sa mère.

———

L'an *mil huit cent trente-quatre* et le *cinq juin*, à
midi, devant nous *Laurent Sourdeval,* maire et officier
de l'état civil de la commune de *Granville,* arrondissement d'*Avranches,* département de *la Manche,* et
dans la maison commune dudit lieu, ont comparu le
sieur *Victor Juvigny, pêcheur,* domicilié *dans la*
présente commune, majeur, âgé de *trente-neuf* ans
révolus, né à *Rouen,* le *vingt-deux janvier mil sept*
cent quatre-vingt-quinze, fils *légitime* de défunt *Marc*
Juvigny, cordier, en son vivant domicilié à *Rouen,* et
de survivante *Zoé Labarre, fruitière,* âgée de *soixante*
ans, domiciliée à *Rouen,* veuf de *Marguerite Leblond,*
décédée à *Granville,* le *dix-huit janvier mil huit*
cent trente-deux; procédant avec le consentement de
ladite veuve *Juvigny,* sa mère, ainsi qu'il résulte d'un
acte reçu Mᵉ *Breton,* notaire à *Rouen,* le *vingt mai*
dernier, enregistré; et la demoiselle *Clotilde Leblond,*
couturière, belle-sœur du futur, domiciliée aussi *dans*
la présente commune, mineure, âgée de *vingt* ans,
née à *Granville,* le *treize avril mil huit cent quatorze,*

fille *légitime de Nicolas Leblond, pilote*, âgé de *cin-quante* ans, et de *Françoise Marottes, sans* profession, âgée de *quarante-six* ans, domiciliés *également* à *Granville*, l'un et l'autre ici présens et expressément consentans; lesquels comparans nous ont requis de pro-céder à la célébration de leur mariage, dont les publi-cations ont été faites dans la présente commune les Dimanches *dix-huit et vingt-cinq mai dernier*, ainsi qu'il résulte du registre des publications qui a été mis sous nos yeux. A l'appui de leur réquisition, les parties nous ont remis : 1° l'acte de naissance du futur, sous la date du *vingt-trois janvier mil sept cent quatre-vingt-quinze ;* 2° l'acte de décès de son père, sous la date du *vingt septembre mil huit cent vingt-six ;* 3° expédition de l'acte reçu *le vingt mai dernier*, par M° *Breton*, notaire à *Rouen*, portant consentement de la mère du futur; 4° l'acte de décès de *Marguerite Leblond*, première femme du futur, sous la date du *dix-neuf janvier mil huit cent trente-deux ;* 5° l'acte de naissance de la future, sous la date du *quinze avril mil huit cent quatorze ;* 6° expédition, délivrée par le greffier du Tribunal civil de l'arrondissement d'*Avran-ches*, de l'ordonnance royale, en date du *quatre mai dernier*, portant dispense de parenté en faveur des fu-turs époux. Aucune opposition à ce mariage ne nous ayant été signifiée, nous Officier de l'état civil, avons donné lecture aux parties des pièces ci-dessus énonceés, et des dispositions du Code civil, au chapitre six du titre du Mariage, sur les droits et les devoirs respectifs des époux ; après quoi, nous avons demandé au futur époux et à la future épouse, s'ils voulaient se prendre pour mari et pour femme. Chacun ayant répondu sépa-rément et affirmativement, nous avons prononcé, au

nom de la loi, que *Victor Juvigny et Clotilde Leblond*
sont unis par le mariage. Le tout a été fait publiquement
et en présence des sieurs : 1° *Jacques-Martin Gauthier*,
voilier, âgé de *quarante-un* ans ; 2° *Joseph Marson*,
employé aux douanes, âgé de *trente-six* ans, *non*
parens ; 3° *Hilaire Leblond*, *marin*, âgé de *vingt-*
trois ans, *frère de l'épouse* ; 4° *Vincent Marottes*,
sans profession, âgé de *quarante-huit* ans, *oncle de*
l'épouse, *tous les quatre* domiciliés *dans la présente*
commune ; et nous en avons dressé immédiatement le
présent acte, dont nous avons donné lecture aux comparans et aux témoins, et que nous avons signé avec eux.

(Suivent les signatures.)

XXVIII. — *Acte de mariage contracté dans*
une maison particulière, *avec* légitimation *d'en-*
fant naturel, le futur n'ayant aucun de
ses ascendans ; la future assistée de son
père seul, la mère étant décédée.

———

L'an *mil huit cent trente-trois* et le *treize juin*, à
dix heures *du matin*, nous *Léon-André Saint-Aignan*,
maire et officier de l'état civil de *la ville de Laval*,
département de *la Mayenne*, vu le certificat délivré le
jour d'hier, par *le sieur Eugène Ricard*, docteur en
médecine, constatant que *le sieur Théodore Chaillan*,
qui se propose de contracter mariage, ne pourrait sans
un grave danger se transporter ni être transporté à la
mairie, nous sommes rendu dans le domicile dudit *sieur*
Chaillan, Grand'rue, n° 18, où étant et dans un appartement au *second étage* de ladite maison, les portes
ouvertes et le public admis, ont été présens devant nous

15

ledit sieur *Théodore Chaillan*, *propriétaire*, *sans* profession, domicilié *dans la présente commune*, majeur, âgé de *trente-huit* ans *révolus*, né à *Paris*, le *huit avril mil sept cent quatre-vingt-quinze*, fils *légitime* de défunts *Honoré Chaillan*, *homme de lettres*, et *Eugénie Gondrecourt*, en leur vivant domiciliés à *Paris*, procédant comme libre dans l'exercice de ses droits, ses aïeuls et aïeules étant également décédés; et la demoiselle *Albine Meslay*, *sans* profession, domiciliée *dans la présente commune*, *majeure*, âgée de *trente-deux* ans *révolus*, née *dans le même lieu*, le *vingt janvier mil huit cent un*, fille *légitime* de *Bernard Meslay*, *négociant*, âgé de *soixante-un* ans, domicilié *dans la présente commune*, et de défunte *Félicie Delorme;* ladite *Albine Meslay* procédant avec l'assistance de son père, ici présent et expressément consentant; lesquels comparans nous ont requis de procéder à la célébration de leur mariage, dont les publications ont été faites dans la présente commune, les Dimanches *deux et neuf du présent mois de juin*, ainsi qu'il résulte du registre des publications qui a été mis sous nos yeux. Les comparans nous ont en même temps déclaré qu'ils reconnaissent et veulent légitimer un enfant du sexe *masculin*, né d'eux le *sept octobre mil huit cent vingt*, à *Paris*, et qui a été inscrit sur le registre des naissances de la mairie *du onzième arrondissement de ladite ville de Paris*, à la date dudit *jour sept octobre mil huit cent vingt*, sous les prénoms de *Henri-Félix*, et comme né de *parens inconnus*. A l'appui de ces réquisitions et déclarations, ils nous ont remis: 1º l'acte de naissance du futur, sous la date dudit *jour huit avril mil sept cent quatre-vingt-quinze;* 2º l'acte de décès de son père, sous la date du *vingt-*

huit juillet mil huit cent trente, duquel acte résulte
aussi la preuve du décès antérieur de l'aïeul et de l'aïeule
paternels du futur; l'acte de décès de sa mère, sous
la date du *six janvier mil huit cent vingt ;* 4° l'acte
de décès de son aïeul maternel, sous la date du *vingt
mars mil huit cent vingt-cinq ;* 5° l'acte de décès de
son aïeule maternelle, sous la date du *vingt septembre
mil huit cent vingt-six ;* 6° l'acte de naissance de la
future, sous la date dudit *jour vingt janvier mil huit
cent un ;* 7° l'acte de naissance de *Henri-Félix*, enfant
naturel légitimé, sous la date dudit *jour sept octobre
mil huit cent vingt.* Aucune opposition à ce mariage
ne nous ayant été signifiée, nous avons donné lecture
aux parties de toutes les pièces ci-dessus énoncées, et des
dispositions du Code civil, au chapitre six du titre du
Mariage, sur les droits et les devoirs respectifs des époux;
après quoi, nous avons demandé au futur époux et à la
future épouse, s'ils voulaient se prendre pour mari et
pour femme. Chacun d'eux ayant répondu séparément
et affirmativement, nous avons prononcé, au nom de
la loi, que *Théodore Chaillan* et *Albine Meslay* sont
unis par le mariage. Le tout a été fait publiquement et
en présence des sieurs : 1° *Jean-François Chaillan*,
sculpteur, âgé de *quarante-deux* ans, domicilié à *Paris*,
frère de l'époux ; 2° *Marcelin Blamont, propriétaire*,
sans profession, âgé de *trente* ans; 3° *Urbin Laforêt*,
avocat, âgé de *cinquante-cinq* ans; 4° *Sébastien Duroc*,
négociant, âgé de *cinquante-huit* ans, ces trois derniers domiciliés *dans la présente commune*, non parens
des parties ; et nous en avons immédiatement dressé le
présent acte, dont nous avons donné lecture aux comparans et aux témoins, et que nous avons signé avec eux.

(Suivent les signatures.)

XXIX. — *Acte de mariage entre* enfans naturels mineurs, *le futur procédant avec le consentement d'un* tuteur ad hoc ; *la future
assistée de sa mère, le* père *étant* inconnu.

—

L'an *mil huit cent trente-quatre* et le *trente-un mars,*
à *quatre* heures *du soir,* devant nous *Anselme Dupré,*
maire et officier de l'état civil de *la ville de Cambrai,*
département du *Nord ,* et dans la maison commune de
ladite ville, ont comparu le sieur *Jules Didier, garçon
relieur,* domicilié *dans ladite ville de Cambrai,* mineur, âgé de *vingt* ans *révolus,* né *dans la même ville,*
le *six* mars *mil huit cent quatorze,* fils naturel de
parens inconnus, assisté du sieur *Gervais Auvray,
relieur,* âgé de *quarante-cinq* ans, domicilié à *Cambrai,*
tuteur nommé spécialement aux fins du consentement
à donner au présent mariage , par délibération d'un
conseil de famille, tenu dans *la même ville,* le *dix
février dernier ;* lequel sieur *Auvray,* ici présent ,
a expressément déclaré donner ce consentement; et la
demoiselle *Adèle-Camille Fourcy, repasseuse,* domiciliée à *Clary,* arrondissement de *Cambrai,* mineure,
âgée de *dix-huit* ans *révolus,* née audit *lieu de Clary,*
le *quinze février mil huit cent seize,* fille naturelle
de *la demoiselle Adélaïde Fourcy, marchande mercière,* âgée de *quarante* ans , domiciliée *également*
à *Clary ,* et d'un père inconnu, assistée de ladite
Adélaïde Fourcy, sa mère, ici présente et expressément consentante; lesquels comparans nous ont requis
de procéder à la célébration de leur mariage , dont les

publications ont été faites, savoir : dans la présente ville,
les Dimanches *seize et vingt-trois mars courant*, ainsi
qu'il résulte du registre des publications qui a été mis
sous nos yeux, et dans la commune de *Clary*, les Dimanches *neuf et seize du même mois*. A l'appui de leur
réquisition, les parties nous ont remis : 1° l'acte de naissance du futur, sous la date du *huit mars mil huit
cent quatorze* ; 2° expédition de la délibération du conseil de famille du futur, sous la date ci-dessus indiquée,
portant nomination dudit sieur *Auvray*, en qualité de
tuteur *ad hoc* ; 3° l'acte de naissance de la future, sous
la date dudit *jour quinze février mil huit cent seize* ;
4° le certificat, délivré le *vingt du présent mois*, par
le maire de la commune de *Clary*, constatant que les
publications ont été faites dans cette commune aux jours
ci-dessus indiqués, et qu'il ne lui a été signifié aucune
opposition. Aucune opposition ne nous ayant été signifiée à nous-même, nous avons donné lecture aux parties
des pièces ci-dessus énoncées, et des dispositions du Code
civil, au chapitre six du titre du Mariage, sur les droits
et les devoirs respectifs des époux ; après quoi, nous
avons demandé au futur époux et à la future épouse, s'ils
voulaient se prendre pour mari et pour femme. Chacun
d'eux ayant répondu séparément et affirmativement, nous
avons prononcé, au nom de la loi, que *Jules Didier* et
Adèle-Camille Fourcy sont unis par le mariage. Le
tout a été fait publiquement et en présence des sieurs :
1° *Casimir Gilbert*, *commis-négociant*, âgé de *vingt-
deux* ans ; 2° *Léonard Jourdan*, *mécanicien*, âgé de
vingt-quatre ans ; 3° *Samuel Dalton*, *fabricant de
boutons*, âgé de *quarante-deux* ans ; 4° *François
Maurel*, *praticien*, âgé de *trente-huit* ans, tous domiciliés *dans la présente ville*, *non parens des époux*, et

nous en avons immédiatement dressé le présent acte, dont nous avons donné lecture aux comparans et aux témoins, et que nous avons signé avec eux.

(Suivent les signatures.)

XXX. — *Certificat à produire pour la célébration religieuse du mariage.*

—

Nous Maire et Officier de l'état civil de la *ville de Laval, département de la Mayenne,* certifions que le mariage du sieur *Théodore Chaillan, propriétaire, sans* profession, domicilié *dans la présente commune,* âgé de *trente-huit* ans *révolus,* fils *légitime* de *défunts Honoré Chaillan, homme de lettres,* et *Eugénie Gondrecourt, en leur vivant* domiciliés à *Paris,* avec la demoiselle *Albine Meslay, sans* profession, domiciliée *également dans la présente commune,* âgée de *trente-deux* ans *révolus,* fille *légitime* du sieur *Bernard Meslay, négociant,* domicilié *en cette ville,* et *de défunte Félicie Delorme,* a été célébré en notre mairie, *le jour d'hier, treize juin mil huit cent trente-trois,* à *dix* heures *du matin.*

Fait à la mairie de *Laval,* le *quinze juin mil huit cent trente-trois.*

(Suit la signature du Maire.)

XXXI. — *Acte de décès ordinaire.*

—

L'an *mil huit cent trente-neuf* et le *quatorze mai,* à *huit* heures *du matin,* devant nous *Henri Tessonnière,* maire et officier de l'état civil de la *ville de Soissons,* département de l'*Aisne*, ont comparu le sieur *Ignace-Guillaume Belly*, âgé de *trente-deux* ans, *mécanicien, frère du décédé ci-dessous désigné*, et le sieur *Mathias Laroche*, *fabricant de tissus*, âgé de *cinquante-un* ans, *voisin*, *l'un et l'autre* domiciliés à *Soissons*, lesquels nous ont déclaré que le *jour d'hier*, à *cinq* heures *du soir*, le *sieur Jacques-Joseph Belly, horloger*, né et domicilié *dans la même ville*, âgé de *quarante-un* ans, *célibataire*, fils *légitime* de *défunts Nicolas Belly, contre-maître*, et *Antoinette Fayard*, est décédé dans *sa maison d'habitation, place du Palais, n° 3*. Nous Officier de l'état civil, après nous être assuré du décès, en avons dressé le présent acte, dont nous avons donné lecture aux déclarans, et que nous avons signé avec eux.

(Suivent les signatures du Maire et des deux déclarans.)

XXXII. — *Acte de décès d'une personne dont l'origine et la filiation n'étaient pas connues.*

———

L'an *mil huit cent quarante* et le *trente avril*, à *cinq* heures *du soir*, devant nous *Joseph Fournier*, maire et officier de l'état civil de *la ville de Montdidier*, département de *la Somme*, ont comparu le sieur *Marc Halé, sans* profession, âgé de *quarante-cinq* ans, *propriétaire de la maison où a eu lieu le décès*, et le sieur *Charles-Louis Margray, domestique dans la même maison*, âgé de *cinquante* ans, *tous les deux* domiciliés *dans la présente ville*, lesquels nous ont déclaré que *ce jourd'hui*, à *sept* heures *du matin*, dans la maison *d'habitation dudit sieur Halé, rue Haute*, est décédée *Jeanne-Françoise Vacheron*, cuisinière, âgée d'en-

viron *soixante* ans, *veuve de Jean Moulin*, domiciliée
en cette ville, originaire, à ce que l'on croit, *du département de la Lozère*, sa filiation n'étant pas connue.
Nous Officier de l'état civil, après nous être assuré du
décès, en avons dressé le présent acte, dont nous avons
donné lecture aux déclarans, et que nous avons signé
avec eux.

(Suivent les signatures.)

XXXIII. — *Acte de décès d'un* inconnu *dans un* hospice.

L'an *mil huit cent quarante* et le *six janvier*, à
midi, devant nous *Charles Lafontaine*, maire et officier de l'état civil de *la ville de Clamecy*, département
de *la Nièvre*, ont comparu les sieurs *Jean-Louis Mauret,
infirmier à l'hospice civil de la présente ville*, âgé de
cinquante ans, et *Gabriel Jourdan, employé dans le
même hospice*, âgé de *quarante-neuf* ans, *tous les
deux* domiciliés *dans la présente commune*, lesquels
nous ont dit que *ce matin*, à *six* heures, est décédé
dans *ledit* hospice un individu inconnu, du sexe *masculin*, paraissant âgé d'environ *soixante-dix* ans, taille
d'un *mètre soixante-cinq centimètres* (*environ cinq
pieds un pouce*), cheveux, barbe et sourcils *gris*, yeux
châtains, nez *gros*, bouche *grande*, menton *aplati*,
teint *brun*, visage *maigre et alongé, taloué d'un cru-
cifix sur le bras droit*. Ils ont ajouté que *cet individu
avait été trouvé gisant et malade sur les bords de la
grande route de Paris, le trois de ce mois, à quatre
heures du soir, et avait été immédiatement transporté*

à *l'hospice. Il était revêtu d'une veste, d'un pantalon et d'un gilet en drap grossier, de couleur grise, coiffé d'un bonnet de laine brune et chaussé de sabots; sa chemise était sans marque.* Il n'a été trouvé sur lui aucun papier de nature à faire connaître son nom et son domicile. Nous Officier de l'état civil, tenant cette déclaration; vu l'avis à nous transmis par le directeur dudit hospice, et, après nous être assuré du décès, en avons dressé le présent acte, dont nous avons donné lecture aux déclarans, et que nous avons signé avec eux.

(Suivent les signatures.)

XXXIV. — *Acte de décès d'un individu mort dans une* prison (1).

L'an *mil huit cent quarante-un* et le *vingt-cinq* mars, à *trois* heures *après midi,* devant nous *George Vallon,* maire et officier de l'état civil de *la ville de Limoges,* ont comparu les sieurs *Joseph Desblanc,* âgé de *quarante* ans, *huissier,* et *Laurent Érard,* âgé de *cinquante-deux* ans, *ancien militaire, concierge de la maison d'arrêt de ladite ville,* lesquels nous ont déclaré que, *ce matin,* à *huit* heures, dans la présente ville, est mort *le sieur Réné-Louis Jourdan, porte-faix,* âgé *d'environ trente-neuf* ans, né et domicilié à *Saint-*

---

(1) Cet exemple suffit pour montrer comment doivent être rédigés les actes, dans les divers autres cas où le genre de mort et ses circonstances ne doivent pas être mentionnés. Ainsi, dans les cas d'*exécution à mort,* et dans ceux de *mort violente* constatée par procès-verbal d'un Officier de police, les actes seraient purs et simples, comme celui-ci.

Léonard, arrondissement de *Limoges*, époux de *Féli-*
cité Leroy, *journalière*, âgée d'environ *trente-cinq*
ans, fils *légitime* de *défunts Jacques Jourdan*, *charre-*
tier, et *Françoise Rousseau*. Nous Officier de l'état
civil, après nous être assuré du décès, en avons dressé
le présent acte, dont nous avons donné lecture aux déclarans, et que nous avons signé avec eux.

(Suivent les signatures.)

XXXV. — *Acte concernant un enfant* mort-
né, *ou dont la naissance n'avait pas été*
enregistrée.

L'an *mil huit cent quarante-un* et le *dix juillet*,
à *neuf* heures *du matin*, devant nous *Prosper Selves*,
maire et officier de l'état civil de la commune de *Plu-*
martin, arrondissement de *Châtellerault*, département
de *la Vienne*, ont comparu les sieurs *Alexis Caron*,
âgé de *trente* ans, *chirurgien*, et *Lucien-Paul Dauce-*
voir, âgé de *quarante-un* ans, *sans* profession, domiciliés *dans la présente commune*, lesquels nous ont présenté un enfant sans vie, du sexe *masculin ;* déclarant
qu'il est fils *dudit sieur Caron*, *l'un des comparans* et
de la dame *Angélique Corbin*, *son épouse*, âgée de
vingt-cinq ans, *sans* profession, et qu'il est sorti du
sein de sa mère, le *jour d'hier*, à *deux* heures *après*
midi. Desquelles présentation et déclaration nous avons
dressé le présent acte, dont nous avons donné lecture
aux comparans., et que nous avons signé avec eux.

(Suivent les signatures.)

XXXVI. — *Permission d'inhumer ordinaire.*

Nous Maire et Officier de l'état civil de *la ville de Limoges*, permettons d'inhumer *demain, vingt-six mars*, après *huit* heures *du matin*, *le sieur Réné-Louis Jourdan, porte-faix,* âgé d'environ *trente-neuf* ans, né et domicilié à *Saint-Léonard,* arrondissement de *Limoges,* mari de *Félicité Leroy,* mort dans la présente ville, *aujourd'hui,* à *huit* heures du *matin*.

Fait à la mairie de *Limoges*, le *vingt-cinq mars mil huit cent quarante-un*.

(Suit la signature du Maire.)

XXXVII. — *Permission d'inhumer sur une* propriété particulière, *dans le territoire de la commune où le décès a eu lieu.*

Nous Maire et Officier de l'état civil de *la ville de Niort*, département *des Deux-Sèvres*, vu la demande formée par *le sieur Raimond Grandmaison, propriétaire, sans* profession, domicilié *dans la présente ville,* permettons d'inhumer *demain, cinq du courant,* après *trois* heures *du soir*, le corps *du sieur Paul-Joseph Grandmaison, père du sus-nommé,* dans *la maison de campagne à lui appartenant, située sur le territoire de la présente commune, section A.* Le sieur *Grandmaison fils* demeurant chargé de faire opérer, sous sa responsabilité, le transport et l'inhumation du corps, selon les règles prescrites par la loi.

Fait à la mairie de *Niort*, le *quatre août mil huit cent quarante-un.*

(Suit la signature du Maire.)

XXXVIII. — *Permission d'inhumer dans une* autre commune, *et procès-verbal de* remise du corps.

———

Nous *Antoine-Alfred Letourneur*, maire et officier de l'état civil de la commune de *Cerilly*, arrondissement de *Montluçon*, département de l'*Allier*,

Vu l'acte de décès du *sieur Edmond - Auguste de Berville, Pair de France*, domicilié à *Paris*, mort dans notre commune, *hier*, à *onze* heures *du matin*,

Vu la demande formée par *la dame Anastasie-Élisa de Chassiron, veuve dudit sieur de Berville, et la volonté manifestée par lui dans son testament, en date du onze de ce mois*,

Permettons que le corps *dudit sieur de Berville* soit transporté à *Paris*, pour y être inhumé au cimetière de l'*Est, dans le tombeau de sa famille*. En conséquence, remise a été faite à *ladite dame veuve de Berville*, du corps de *son défunt mari; lequel est embaumé et renfermé dans deux cercueils, le premier en plomb, le second en bois de chêne, ce dernier scellé du cachet de la famille de Berville*. Le transport aura lieu sous la responsabilité de *ladite dame de Berville*, et le corps devra, à son arrivée à *Paris*, être représenté au Maire *du deuxième arrondissement de ladite ville*, auquel sera adressée une expédition du présent procès-verbal, que nous avons signé avec *ladite dame de Berville*.

Fait à la Mairie de *Cerilly*, le *seize juillet mil huit cent quarante*.

(Suivent les signatures de la veuve et du Maire.)

XXXIX. — Passe-port *ou permis à remettre au voiturier chargé du* transport du corps.

—

Nous *Antoine-Alfred Letourneur*, maire et officier de l'état civil de la commune de *Cerilly*, arrondissement de *Montluçon*, département de l'*Allier*, certifions que le sieur *Baptiste Laroche*, voiturier, de *la présente commune*, est chargé de transporter à *Paris*, sous condition de le représenter au Maire *du deuxième arrondissement* de ladite ville, le corps du sieur *Edmond-Auguste de Berville*, *Pair de France*, en son vivant domicilié à *Paris*, mort dans la présente commune, le *quinze du mois courant;* lequel corps est *embaumé et renfermé dans deux cercueils, l'un en plomb, l'autre en chêne, ce dernier scellé du cachet de la famille de Berville.* En conséquence, invitons les autorités civiles et militaires à laisser librement circuler, de la présente commune, à *Paris*, ledit sieur *Baptiste Laroche*, avec le corps dont nous avons autorisé le transport.

Fait à la mairie de *Cerilly*, *le dix-sept juillet mil huit cent quarante.*

(Suit la signature du maire.)

XL. — *Transcription d'un* acte de décès *reçu dans une* autre commune, *et envoyé à l'Officier de l'état civil* du domicile.

—

L'an *mil huit cent quarante* et le *douze décembre,* à *dix* heures *du matin,* nous *Victor Perrin,* maire et officier de l'état civil de la commune de *Mirepoix,* arrondissement de *Pamiers*, département de l'*Arriège*, avons procédé à la transcription de l'acte de décès dont la teneur suit, qui nous a été transmis par M. le Maire de *la ville de Toulouse*, département de *la Haute-Garonne*, et qui nous est parvenu *aujourd'hui*, à *huit* heures *du matin* :

(*Suit la copie entière de l'acte, des signatures et des légalisations dont il est revêtu.*)

Et de cette transcription nous avons dressé le présent acte, que nous avons signé.

(Suit la signature du Maire.)

Nota. S'il s'agissait d'un acte reçu *en mer*, *à l'étranger*, *aux armées* ou dans les *lazarets*, et transmis par l'un des fonctionnaires désignés aux nᵒˢ 432, 433, 437, 438, 439, 447, 448, l'acte de transcription serait conforme à l'exemple ci-dessus. Il n'y aurait à changer que l'indication de l'acte et du fonctionnaire qui l'a transmis.

XLI. — *Transcription d'un acte* de mariage *passé* à l'étranger.

—

L'an *mil huit cent quarante* et le *huit novembre*, à *une* heure *après midi*, devant nous *Denys Vernois*, maire et officier de l'état civil de la commune de *Marennes*, département de *la Charente-Inférieure*, a comparu *le sieur André-Henri Montsalvy*, *négociant*, âgé de *trente-deux* ans, domicilié *dans cette commune*, *résidant depuis plusieurs années à Madrid*, *royaume d'Espagne*, et de retour dans son domicile depuis le *cinq septembre dernier*, *lequel* nous a requis de procéder à la transcription de l'acte constatant son mariage avec *la dame Marie Dolores de Zarate*, reçu par *les autorités de la ville de Madrid*, le *vingt janvier mil huit cent trente-six*, et dont il nous a remis une expédition, légalisée par l'Ambassadeur de France à *Madrid*, et visé à Paris par M. le Ministre des Affaires étrangères. Nous Officier de l'état civil, faisant droit à cette réquisition, avons immédiatement transcrit ledit acte, dont la teneur suit :

(*On copie ici en entier l'acte et les légalisations dont il est revêtu.*)

Et de cette transcription nous avons dressé le présent acte, dont nous avons donné lecture au comparant, et que nous avons signé avec lui.

(Suivent les deux signatures.)

XLII. — *Transcription d'un* jugement de rectification.

———

L'an *mil huit cent quarante* et le *vingt juin*, à onze heures *du matin*, devant nous *Pamphile Brossac*, maire et officier de l'état civil de la commune de *Maurs*, arrondissement d'*Aurillac*, département *du Cantal*, a comparu le sieur *Jean-Christophe Cabanes*, âgé de *vingt-huit* ans, *vacher*, domicilié *dans la présente commune*, *lequel* nous a remis une expédition du jugement rendu, le *quinze mai dernier*, par le Tribunal civil de l'arrondissement d'*Aurillac*, portant rectification de l'acte de *naissance du comparant*, inscrit sur les registres de la présente commune, à la date du *six février mil huit cent douze*, et ordonnant qu'*aux pré-*

noms *Jean-Joseph*, *donnés dans cet acte au père du nouveau-né*, *seront substitués les prénoms Jean-Jacques*, et il nous a requis de procéder à la transcription dudit jugement. Nous Officier de l'état civil, faisant droit à cette réquisition, avons immédiatement transcrit ce jugement, dont la teneur suit:

(*On copie ici en entier le jugement et toutes les mentions d'enregistrement et de légalisation dont il est revêtu.*)

Cette transcription terminée, nous avons fait mention de la rectification ordonnée, en marge de l'acte rectifié, et nous en avons dressé le présent acte, dont nous avons donné lecture au comparant, et que nous avons signé avec lui.

(Suivent les deux signatures.)

XLIII. — *Mention d'une rectification à mettre en marge de l'acte rectifié.*

—

Par jugement rendu le *quinze mai mil huit cent quarante*, par le Tribunal civil de l'arrondissement d'*Aurillac* (*Cantal*), transcrit sur le registre de ladite année, à la date du *vingt juin suivant*, il a été ordonné que, dans l'acte de *naissance du sieur Jean-Christophe Cabanes*, inscrit ci-contre, *le père du nouveau-né devait être désigné sous les prénoms de Jean-Jacques*, *au lieu de l'être sous ceux de Jean-Joseph*, *que cet acte lui attribue.*

(Cette mention est signée par l'Officier de l'état civil.)

FIN.

TABLE GÉNÉRALE
Par ordre de Matières.

—

Nota. *Les chiffres renvoient aux articles des Instructions.*

NOTIONS PRÉLIMINAIRES. — Nᵒˢ 1, 2, 3, 4, 5, 6.

—

PREMIÈRE PARTIE.
DES REGISTRES.

—

CHAPITRE PREMIER.

17

TITRE II.

DES RECONNAISSANCES ET LÉGITIMATIONS D'ENFANS NATURELS.

CHAPITRE PREMIER.

CHAPITRE II.

TITRE III.

DE L'ADOPTION.

QUATRIÈME PARTIE.

DES MARIAGES.

TITRE PREMIER.

PROHIBITIONS ET EMPÊCHEMENS AU MARIAGE. — CONDITIONS REQUISES POUR ÊTRE ADMIS A LE CONTRACTER. — FORMALITÉS PRÉLIMINAIRES A REMPLIR.

CHAPITRE PREMIER.

TITRE II.

——

SIXIÈME PARTIE.

DES ACTES DE L'ÉTAT CIVIL DES FRANÇAIS HORS DU ROYAUME ET DANS LES PARTIES DU ROYAUME AVEC LESQUELLES LES COMMU-NICATIONS SONT INTERDITES.

——

CHAPITRE IV.

Actes dans les *lazarets* et autres lieux avec lesquels les communications sont interdites par les lois sur la police sanitaire. — Nᵒˢ 447, 448.

SEPTIÈME PARTIE.

DE LA RECTIFICATION ET DU REMPLACEMENT DES ACTES DE L'ÉTAT CIVIL.

HUITIÈME PARTIE.

DES EXTRAITS OU EXPÉDITIONS DES ACTES ET DE LA COMMUNICATION DES REGISTRES.

NEUVIÈME PARTIE.

Règles sur la transcription des actes qui n'ont pas été faits dans la commune, ou qui ont été dressés par d'autres fonctionnaires que les Officiers de l'état civil. — N°ˢ 480, 481, 482.

—

EXEMPLES D'ACTES DE L'ÉTAT CIVIL DANS DIVERSES HYPOTHÈSES.

—

Fin de la Table.

www.ingramcontent.com/pod-product-compliance
Lightning Source LLC
Chambersburg PA
CBHW061012280326
41935CB00009B/928